JN411171

2013 현대인이 꼭 읽어야 할

문파대표 시선 52인

2013년 문파문학에서 선정한 대표 詩選

초판 발행 2013년 6월 22일

지은이 지연희 외
펴낸이 안창현
펴낸곳 코드미디어

북 디자인 Micky Ahn
편집디자인 김도경
교정 교열 표수재

등록 2001년 3월 7일
등록번호 제 25100-2001-5호
주소 서울시 은평구 갈현1동 419-19 1층
전화 02-6326-1402
팩스 02-388-1302
전자우편 codmedia@codmedia.com

ISBN 978-89-94178-69-1-03810

정가 12,000원

이 책의 판권은 지은이와 코드미디어에 있습니다.
잘못 만들어진 책은 교환해드립니다.

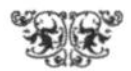

2013 현대인이 꼭 읽어야 할

문파대표 시선 52인

2013년 문파문학에서 선정한 대표 詩選

모바일시대,
급격한 변화 속에서 살아남기

지연희(시인, 문파문학 발행인)

지하철 전동차에 타면 맞은 편 자리에 앉아 있는 사람들을 바라보게 된다. 처음엔 낯선 풍경이어서 어색해 하다가 요즈음은 스마트폰을 들고 있지 않은 사람을 만나기가 더 어려울 만큼 21세기를 주도하는 정보통신의 위력을 실감하고 있다. 찍고 말하고 쓰고 보내는, 세상 어디든 실시간에 연결해 주는 인터넷 정보교환은 놀라운 세상을 만들었다. 휴대폰 하나면 해결되지 않는 일이 없다.

이어폰을 귀에 꽂고 스마트폰을 이용하여 무엇을 하고 있는 사람들을 본다. 전동차 내에서 만나게 되는 보편적인 풍경이다. 맞은 편 일곱 명의 전사들에게 궁금증을 자아내지 않을 수 없었다. 20대에서 60대까지 이용범위도 넓은 모양이었다. 고개를 숙이고 각자 너무나 바쁜 손놀림이다. 이와 같은 정보사냥의 손놀림은 종이책을 회피하는 꺼리를 만든 원인이지 싶다. 현대사회가 안고 있는 모순이다.

무엇보다 글을 쓰는 사람들에게 반갑고 고마운 일은 숨 막히는 인파 속 손잡이를 쥐고 서서도 종이책을 읽는 사람이 눈에 띈다는 점이다. 이제 전동차 안에서 책을 읽는 사람은 매우 낯선 풍경이 되고 말았다. 스마트폰을 이용하여 e-book을 읽는 사람도 없지는 않을 것이다. 그러나 간혹 만나게 되는 종이책 독자들을 보면 그들의 내면의 세계는 종이책의 촉감처럼 따뜻한 감성이 흐르고 있겠다는 생각이 든다.

2013년 문파문학 식구들의 대표시선집이 출간된다. 한 해에 한 번 발간하는 이 종이책은 해마다 한 번씩 전화를 주시어 출간 일정을 묻는 독자를 만나기 위한 작업이다. "문파대표시선 언제 출간되지요?" 시인 각자들이 정성을 다하여 원고를 모으고 한 해를 정리하고 다시 또 다음 해를 거듭하며 발전의 걸음으로 만나기 위한 작업이다. 하루가 다른 급격한 변화로 세상을 놀라게 하는 모바일 정보사회지만 한 권의 책을 손에 들고 여유롭게 책장을 넘기는 정서는 사라지지 않을 것이라는 믿음으로 문파대표시선은 존재한다.

2013년 6월

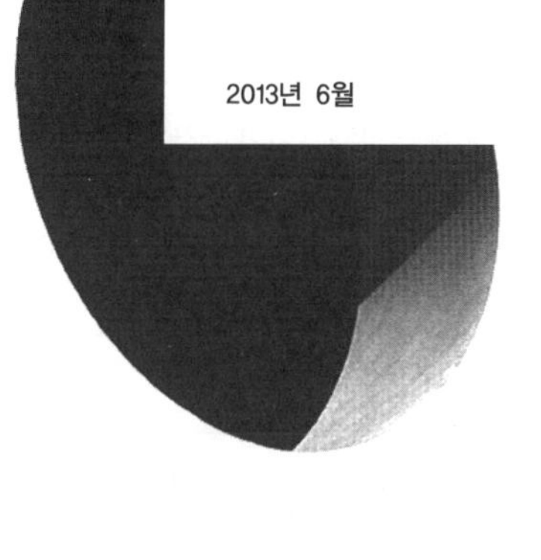

깊은 시심의 강물이 흐르도록

박하영(시인, 문파문학회 회장)

지난겨울의 추위는 혹독했습니다. 4월에도 눈발이 휘날려 넣어두었던 겨울옷을 꺼내 입느라 곤혹스러웠습니다. 뒤늦게야 서둘러 꽃들이 다투어 피어나 봄이 오는가 했더니 봄은 어느새 숨어버리고 온 세상이 초록 물결로 일렁이는 여름의 문턱에 와 있습니다. 계절의 변화는 우리에게 많은 것들을 가져다주고 있습니다. 온난화 탓으로 바다엔 녹조 현상이 일어나고 벌써 날씨는 더운 열기를 내뿜고 있습니다.

우리 문파문학 회원들은 이런 변화 속에서도 뭔가를 건져내기 위해 몸과 마음을 부단히 연마하며 새로운 꿈을 찾고 아름다운 정서를 키우고 있습니다. 그 일이 바로 우리가 쓰지 않고는 못 배기는 시와 수필일 것입니다. 보통 사람들이 보면 낯 찌푸릴 일도 문파 회원들이 보면 이해하고 감싸 안아 사랑으로 승화시킵니다. 각박한 세상이지만 우리의 마음만은 풍요롭고 여유로운 세상으로 만들 수 있는 재주를 가지고 있습니다. 그 재주로 빚어진 아름다운 정서의 시를 모아 또 한권의 책을 엮어내게 되었습니다. 바로 문파문학 대표시선입니다. 올해로 여섯 번째 출간하는 값진 시집입니다. 이것은 쉬지 않고 정진하는 노고의 대가입니다. 올해도 문파문학회원들의 힘찬 도약의 발길이 온 나라에 울려 퍼지는 듯합니다.

희망을 버리면 미래는 없습니다. 캄캄한 어둠, 그 자체일 뿐입니다. 진정 문학에 발을 들여놓는 사람은 누구에게도 절망과 포기는 없습니다. 그 어떤 어려움 속에서도 헤쳐 나갈 꿈과 의지가 있을 뿐입니다. 올해도 여러 회원들이 시집과 수필집을 발간했고 앞으로도 좋은 작품집이 계속 발간되리라 믿습니다. 고생하고 노력한 만큼 좋은 결실을 맺을 것입니다. 늘 우리 가슴 속에 뭔가 꿈틀거리는 태동을 느낄 수 있도록 소재를 끌어 모아 깊은 시심의 강물이 흐르도록 해야겠습니다.

작년에 읽었던 독자들은 올해도 문파 대표 시선집을 고대하고 있을 것입니다. 이번에도 독자에게 감동으로 다가갈 수 있는 알찬 시선집으로 거듭나길 빕니다.

2013년 6월

contents

contents

contents

아직도 가을은 눈물로 젖어든다

비상

소나무 음률

눈 감고 바라보면 된다

햇살의 통로는 멀다

지팡이

지연희

충북 청주 출생
「월간문학」 [시 문학] 신인상 당선 등단
한국문인협회 수필분과 회장, 한국여성문학인회 부이사장
국제 펜 클럽 한국본부 이사, 현대시인협회 이사
한국수필가협회 부이사장, 문파문인협회 이사장, 계간 「문파문학」 발행인
저서 : 시집 『남자는 오레오라고 쓴 과자 케이스를 들고 있었다』 외 6권
수필집 『사계절에 취하다』 외 11권

01

비상

눈을 감고 날개를 펴면
어디쯤 날 수 있을까
불현듯 뒤돌아보면 날갯죽지 한 귀퉁이
봄날의 빗물에 젖어 흐느끼고
불현듯 가던 길 멈춰 서서 하늘을 보면
우뚝 서 있는 하늘빛이 숲에 스며든 햇살처럼 아름다워
날갯죽지 한 귀퉁이가 시름에 젖어 흐느낀다
내 이름은 푸른 창공을 꿈꾸는 한 마리 가련可憐
비상한 날갯짓의 궁리에 눈먼 새
눈을 감고 날개를 펴면
어디쯤 날 수 있을까
날 수 있을까

02

소나기 음률

밤 소낙비
발자국이 젖어 있다
물을 품고 가는 몇 개의 타이어 바퀴가
정적을 흔드는
정적을 잇는, 시간 위에

그대가 보인다
로뎅의 생각하는 사람이 보인다
녹녹치 않은 추억 사이로
비스듬히 등 기대고 있는 내가
나인 건 분명한데
밤 소낙비 위에 하얗게, 정적을 깨는
정적을 잇고 사라지는
한 꺼풀 풀매듭의 바람

밤 소낙비
발자국이 젖어 있다

03 눈 감고 바라보면 된다

무엇을 더 바랄 수 있으랴
바람 불고 눈보라 치면
왼쪽 가슴 뻐근히 짓누르는 통증 움켜쥐고
묵묵히 고개 들어 하늘을 치켜세우며
구름 뒤에 숨은 맑은 햇살을
눈 감고 바라보면 된다
무엇을 더 바랄 수 있으랴
휘몰아치는 이 앙상한 겨울의 쓸쓸함이

전생을 다 무너뜨린다 해도
두 손 모아 창밖 나목에 붙은 잎새 하나 붙들고
바람 뒤에 숨은 한 줌의 고요를
눈 감고 바라보면 된다

강둑처럼 가슴 무너지는 날이다
무엇을 더 바랄 수 있으랴

04

햇살의 통로는 멀다

우기가 지났는가 했더니
하늘이 아직도 구름을 물고 있다
회색빛 어둠이 산마루에 가득하고
햇살로 잇는 통로는 멀다
저 구름 안에 자리한 맑은 미소 분명한데
눈을 감고 손을 내어보면 따뜻한 온기 확연한데
간혹 몰라서 묻고, 알면서 묻는 길 반복이다
그냥 웃고 있다, 아프게
이 어설픈 내 몸짓이 가여워 웃고 있다
바람이 한차례 구름을 휩쓸고 가면
참나무 우거진 길이 열릴 듯싶은데
내 어설픈 몸짓이 가여워 웃는다

아프게, 뼈 시리도록 아프게
진종일 구름 안에 가득한
햇살이 그립다

05 지팡이

눈길만 닿아도
꽃밭 담장 곁에 서 있는 햇살처럼
절룩이는 걸음의 디딤말이 되어
등불인 듯 길을 밝힌다
갈잎처럼 가난한 내 신발의 창을 깁는 바느질
또닥 또닥이며 시간을 밟고 간다
이렇게, 땅을 짚고 일어서는 힘
조용한 침묵의
그대

꽃숨같은 이슬비에 나를 열고

가시연꽃밭에 비가 내리면

목련

들깨밭

숲 밖에서 듣다

꽃잎의 마음을 흉내 내어

사공정숙

「예술세계」 수필 부문 신인상 당선 등단
「문학시대」 시 부문 신인상 당선 등단
한국문인협회, 한국수필가협회, 문학의집 서울, 회원
문파문학회 운영이사
저서 : 시집 『푸른 장미』,
수필집 『꿈을 잇는 조각보』
산문집 『노매실의 초가집』, 서울시 『도보해설 스토리』 매뉴얼 북

01

가시연꽃밭에 비가 내리면

생이가래, 개구리밥이 초록으로 덮은 우포늪에
비가 내린다
가시연꽃밭에도 비가 내린다
가만가만 가시연꽃잎을 두드린다
속삭이듯 조용히 하늘의 밀어를 전하면
가시연꽃은 아주 작은 몸짓으로 흔들어 준다, 반짝여 준다
꽃숨같은 이슬비에 나를 열고 바라봐 준다
후둑후둑, 쏴-아
빗줄기가 세어진다
전주곡은 끝났다
가속도의 힘이 가시연꽃밭을 두드린다
가슴이 패이도록 휘모리 장단으로 두드린다
하늘의 목소리가 질책처럼 강해져도
가시연꽃밭은 여유 속에 떠 있다
일억 사천만 년 시간의 깊이 위에 떠 있는
우포늪 가시연꽃밭에는
경계를 흔들며 스스로를 지키는 가시연꽃잎들이
하늘의 메시지를 모아
고개 숙인 겸손으로 물기를 털어낸다
우포늪 가시연꽃밭에 비가 내리면
일억 사천만 년 시간의 무게가
흐른다

02 ## 목련

환하다
눈부신 비단의 견명絹鳴이 사그락 스치듯 다가오고
새벽이 기지개 켜며 무더기로 일어선다
봄의 지평선에서 머뭇머뭇 고개를 내밀기 시작한
아침이 높이 떠오를 때까지
샘처럼 맑고 보름달보다 환하게 밝아
분연히 미명을 떨치고 일어나
아침을 맞는다

창문을 열자
눈부신 아침의 전령들이
여기저기 함박웃음으로 맞는다

03 ## 들깨밭

마당가 흰 빨래가 덕수를 넘는 밤
앞산 뒷산 가운데로 높이 솟은 보름달
우물 같은 지당池塘에 훌러덩 빠지는가 싶더니
풀벌레 찌르르 우는 소리에 놀라
텃밭에 심어 놓은 들깨밭으로 나간다

뚝심있게 대궁이 세운 들깨밭에
손바닥 깻잎이 사르락사르락 바람을 채운다
바람을 담고
달빛을 담는다
거미줄에 맺힌 이슬, 달빛 아래 반짝이면
뿔 달린 도깨비도 들깨밭에 숨는다
단잠 자는 아이, 꿈길에서
점박이 무당벌레 타고 나는
들깨 향기 풋풋한 텃밭 위로
보름달, 낯빛이 환하다

04

숲 밖에서 듣다

숲에서 나는 소리
숲의 언어를 누군가가 깨우친다면
우리는 슬플 것이다
저 푸름 숲 속에는 생멸生滅의 순환이
내지르는 비명으로
가득 차 있음을 알고 있기에
그러나 나는
숲의 언어를 모른 체 하기로 했다
수많은 시인과 학자들이 번역해 놓은

숲의 언어를 배우지 않기로 했다
산자락에서 멀리 마을까지 내려온 뻐꾸기 소리
떼 지은 매미들의 성화
썩은 나무 둥치가 몸을 누이는 아픔도
그리움으로 바꾸는 나는
숲 밖에서만
귀를 기울이기로 하였다
슬픔도 아픔도
그리움으로 바꾸며 살아가는 숲

05 꽃잎의 마음을 흉내 내어

오늘도 내보내지 못한 화두를
끌어안고 애쓰는구나
너 속에 담은 그 많은 것들의 한 생애
살아 있어 따뜻한 사랑이 우습다
오래 오래도록 식지 않는 사랑은 없어
신열이 나면
아스피린 한 알이나 찬 물수건으로 몸을 식히듯
너 속에서 냉정해지는 오래된 사랑들
사랑이 식으면 부패를 향해 질주하던 속도가
멀어져 천천히 다가서는데

버려라, 버려라
버리지 못하고 담아 둔 것들이
서서히 허물어져 내리는 소리가
긴 신음 소리로 배어 나오는 밤
나는 후드득 떨어지는 꽃잎의 마음을 흉내 내어
가만히 너의 찬 손을 잡아 본다

그리움의 시간이 달콤해

그곳, 구봉도의 바닷가에서

옥수수 삶는 내음 맡으며

밤과 그리움

일상 1

일상 2

김상아

「문학시대」 시, 수필 부문 신인상 당선 등단
한국수필가협회 회원, 경기시인협회 회원, 가톨릭문학회 회원
글꽃 동인 회원, 창시문학회 회원, 문파문학회 상임운영이사
저서 : 수필집 『타이베이의 겨울』,
시집 『키 작은 첼로처럼』

01

그곳, 구봉도의 바닷가에서

대문 안에 갇혀 있던 일상을 떠나
야구모자 눌러쓰고 집을 떠났지

뿌우연 안개
우윳빛 레이스 커튼처럼
은밀하게 드리워진
구봉도의 바닷가

통통배 아스라이 밀려들고
포테이토칩 과자 같은
조개껍질 어디에나 널려 있고
갈매기들의 사랑스런 날갯짓
윙크하며 도망치는 애교 짓

평화
눈을 감는다

난 그곳에서
삶지 않은 딱딱한 라면덩어리처럼
가슴속 똘똘 뭉쳐진
가엾은 애증
돌 던지듯 던져 버린다

그리고 맥주거품처럼
허스키하게 들려오는
지친 노랫소리에
귀 기울인다

그리움이 치맛자락처럼 펄럭거리던
판토마임하듯
나홀로 한없이 거닐던
그곳, 구봉도의 바닷가에서

02 옥수수 삶는 내음 맡으며

어느집에선가
옥수수 삶는 단 내음
14층 우리 집 베란다 안으로
부채춤 추며 들어온다

무더웠던 팔월의 끝자락에서
마치 여름을 떨쳐버리기 싫은
한 무더기 미련, 누군가
큰 솥 가득
펄펄 끓이나 보다

새 여자 맞기 싫은
남정네의 지조처럼
앞단추 내미는 입추를 거절하는 양
옥수수의 단 내음

몸부림치듯
뜨거운 대기 중에
솟아오른다

03 밤과 그리움

꿀떡같은
그리움의 시간이 달콤해
날마다 날마다
밤을 기다렸다

오아시스 같은
밤과 만날 때면
까만 빌로드천 위에서
그리움으로 헤엄치고
별빛 같은
격정의 눈망울을 굴렸다

밤은
설레임으로 흥분케 하고
야자수 그늘처럼
서늘한 안식을 주고
함께 있으면 있을수록 좋은
연인의 파란 그림자 같았다

이제
그리움은 시들고
더 이상 밤의 옷깃을 붙잡지 않으며
터널처럼 기다란 밤에
난 바비인형처럼 똑바로 누워
빛 사라진
동공을 닫는다

04

일상 1 – 아침

빛이 스며오는 침실에
그가 나를 기다리고 있음을
의식하는 순간
눈 뜨기를 망설인다

눈을 뜨게 되면
종이 날처럼 가슴을 할퀴어오는
가느다란 우수
처음에는 약하게
그러다가 나프탈렌 향처럼 독하게 번지는
심연의 아픔

그런 아침을 꿀꺽 삼키고 나면
내 가슴 안엔
거대한 낙타 한 마리
고독을 짊어지고
왕국인 양 우뚝 서 있다

눈을 떴다
자! 이제부터 시작이다
낙타와 함께 발맞추어
힘든 발걸음

05 일상 2 – 햇살

나는 아프지 않아요-
라고 이야기하고 싶었다

내게 머물던 너의 눈길이
끊어진 걸 알게 된 순간의 비애
그제서야 내가 아프다는 것을 알았다

하
루
조
용
일

밤보다 까만
한약보다 쓴 커피를 마신다

네가 오면 종종걸음으로 달려가
두 팔을 벌려야지
너의 목을 꽉 끌어안아 주어야지
귀를 쫑긋 모아 발자국 소릴 기다려야지

하루가 머무는 창가에
나는 석고상처럼 서서
노오란 배추 속 꽃잎처럼 벌어지듯
아리아리하게 다가오는
너를 단념하지 못한다

꼬옥 오리라 믿었던
너의 눈길을 다시 받을 수만 있다면
장님처럼 닫혀 있던 내 동공은
깜장 스팽글처럼
빤짝빤짝 빛을 내고 말테야

햇빛이 나를 불러냈다

톤레삽 호수 위에 사는 사람들

야생화 천국, 곰배령

개망초의 시위

어느 봄날

빈방

박하영

전남 함평 출생,
「창조문학」 시 부문 신인상 당선 등단
현대수필 회원, 분당수필 회원, 창시문학회 회장 역임
문파문학회 회장
수상 : 창시문학상
저서 : 시집 『직박구리 연주회』, 『바람의 말』

01

톤레삽 호수 위에 사는 사람들

캄보디아에 오면 꼭 보고 가야 한다는 곳
뱃길 따라 이어진 톤레삽 호수
황토빛 물길이 출렁거린다
흐린 물색만큼 땟물 배인 소년
배에 올라타서
타다닥 손님들의 등을 난타한다
어쩌면 서비스가 아닌 한 푼 줍쇼 하는 제스처
모두들 한 푼씩 꺼내 애처로운 눈길을 막는다
호수 위에 떠 있는 수상 가옥들
차라리 물 위에 맡기고 사는 인생이
오히려 편할까
흙탕물만큼 그을린 맨몸 물속에 담그고
생을 붙잡고 있다
차라리 물고기로 태어났다면 더 행복할까
그것도 모르고 물장구치고 노는 아이들
섬 가슴을 훑고 지나간다
비오면 6배로 불어난 물을 피해
둑 위에 천막을 쳐 놓고 지낸다니
문화니 문명이니 그 말이 무슨 소용있을까
물속에서 건져 올린 물고기만이 유일한
밥벌이가 되니
그들이 호수를 떠나지 못하고
대대로 눌러 사는 이유가 거기 있었다

02

야생화 천국, 곰배령

이 땅에 태초의 약속이 있었나 보다
이 세상 모든 야생화는
이곳으로 모여 축제를 벌이자는
그때부터 곰배령은
100여 종 야생화의 본거지가 되었다
동자꽃, 큰뱀무, 둥근 이질풀, 산꿩의 다리, 홀아비꽃……
배를 하늘로 향하고 누운 천상의 화원
가지각색 들꽃들 다투어 피어나고
벌, 나비 때를 만나 분주히 넘나들면
솔솔 피어오르는 향기의 절정
구름도 그냥 지나치지 못하고
바람도 불어와 떠날 줄을 모른다
허가중 가슴에 달고 오른 땀 닦는 등산객
속세의 번뇌 모두 날려 보내고 절로 미소 지으니
하늘에 오른 듯 온 천지가 내 품안이다
아서라, 세상이 별거 아닌 내 품인 것을
천국이 그리 멀지 않은 이곳인 것을
신선한 공기 가슴 깊이 스미는 이곳에
나도 한 송이 수수한 들꽃으로 남고 싶다

03

개망초의 시위

수많은 꽃 중의 하찮은 꽃
언덕에 무리지어
하얗게 휩쓸리며 파도타기 한다

나도 꽃이라고 시위하는 중
흔하다고 꽃이 아니냐
볼품없다고 짓밟지 마라
아우성치는 소리 역력하다

혼자서 피어나면
축에도 못 드는 꽃이지만
무리지어 수천 수만 송이가 바람을 타면
감히 넘볼 수 없는 위대한 퍼포먼스

하얀 손을 흔들며 부르짖는
저들의 간곡한 호소
귀담아 들어 볼 일이다

04

어느 봄날

하릴없이 길을 나선다
햇빛이 나를 불러내었다
솜사탕 같은 달콤한 따스함이 나를 감싼다
간지럼 타는 아이처럼 햇살의 어루만짐에
자꾸만 웃음이 터진다
지난 겨울의 혹한을 녹여 주는 포근한 햇살이
사뭇 정겹다
길섶에 활짝 웃고 있는
노란 얼굴 티 없이 앙증맞다
나도 제처럼 가장 낮은 곳에서
가장 밝고 티 없이 살고 싶다
무거운 거 다 부려놓고 홀가분하게
민들레 꽃씨처럼 날아가고 싶다
후루루 휘파람 불며 성큼 다가온
봄길 위에 저만치 아지랑이가
마중 나왔다

05

빈방

늘 너로 채우던 그득한 방
시집가기 며칠 전 짐 싸느라 부산했다
그래 네가 가면 너의 물건도 모두 가야지
꼭 필요한 책 옷 화장품을 보따리에 싸두었다
마침내 많은 축복 속에 식은 치러지고
너의 짐 보따리도 떠났다
며칠 후 네 방문을 여니
아직도 남아 있는 물건들
차마 떠나지 못하고 나를 달래주는 듯하다
가득 늘어놓았던 방 치워주는 일은 줄었지만
마음은 왜 이리 허전할까
아직도 네 침대 네 이부자린 그대로 있는데
네 방은 왜 빈방처럼 텅 비어 보일까
빈방엔 적막만 가득하고
빈방엔 싸늘한 공기만 가득하다
아직 남겨놓은 거울에
붙여놓은 네 사진은 웃고 있는데
왜 너는 없니
상냥한 목소리와 향기를 뿜던 네 자취는
온데간데없고
싸늘한 적막만 남았니

맨살에 닿는 바람이 아프다

송미정

충북 괴산 출생
「문학시대」 시 부문 신인상 당선 등단
한국문인협회 회원, 시대 시인회 회원, 호수문학회 회장 역임
문파문학회 상임운영이사
수상 : 제1회 호수 문학상, 제3회 문파문학상
저서 : 시집 『소소한 일』 외 3권
수필집 『감나무가 있는 풍경』

01

바람의 주소지

맨살에 닿는 바람이 아프다
어디일까
아련한 이 바람이 시작된 그곳은

오래전 몇 발자국으로 지나쳐 온
이국의 어느 길목일까
마로니에 그늘의 노천카페
그 베고니아 꽃잎일까

어느 기억인가
한 모퉁이를 돌아 나오는
이 쓸쓸한 바람의 주소지는

02

그 꽃은 왜 거기 있었을까

허술하게 닫힌
대문이 허락하는 만큼만
그 집 마당을 들여다보았습니다
내 키만큼 자란 풀들의 무성함이
호기심을 막아서는데

시퍼렇게 날 세운 표정을 피한 마당 끝에
그냥 지나칠 수 없는 불빛 하나
홀연히 빛나고 있었습니다
무엇으로 피어
무엇을 향한 길인지
처연히 밝은 분홍으로
내 안이 문득 어둑해졌습니다
바람도 차마
그렁그렁한 불빛에 다가설 수 없는지
우편함에 비뚜름히 걸린 채
몇 차례 빗물에 씻기기도 했을
반쪽짜리 사연만 뒤적거리고 있었습니다
그 불빛의 여운
오래오래 내 가슴에서
그 집을 밝히고 있습니다

03

혼자 한 사랑

철 지난 장미 한 송이
홀연히 바짝 창 앞으로 왔다
왜 늦은 길을 왔는지
내게 온 소식처럼 내다보는데

가을비는 내리고
찬비에 글썽이는 모습이
누굴 닮았다
아닌 길에 서서
저렇게 바라만 보다
말없이 돌아 선
그런 날이 있었던

04

사려니 숲길*

바람도 가고
새들도 가도
서어나무 삼나무 팽나무도 가는
아득히 깊은 숲을 갑니다
구부러져서도 살고
부러져서도 살고
서로 기대서도 살다가
더러는 잠인 듯 오래 눕기도 하는 거라고
숲은 은밀한 마음속까지 드러냅니다
무겁다 버겁다고 비명으로 넘어 온
내 언덕은 견주지도 못하고
미안하고 미안해져서

부끄러운 내 흔적들 이름으로
돌탑 하나 세워 줍니다
그러려니 에두르며 가자고
그리운 당신도
그렇게 살아가려니 미루어 생각하며
지나온 길은 지우자 지우자 하면서도
걸음마다 다시 밟혀지는
사려니 숲길을 갑니다

---

* 사려니 숲길 : 제주시 조천읍

05

상실

흰 구름으로 너는
푸른 하늘을 가는데
네가 그립다는 말
아무도 하지 못한다
오래 금기어가 되어 버린
너의 이름

꽃잎에서 풀잎에서도
너는 저리도 선명한데

나는 잠의 언저리만 다녀오는지
대낮처럼 환하게 드나들던
그 많던 꿈 하나도 없다

농익은 사무침 술잔이 되어

전영구

충남 아산 출생
「문학시대」 시 부문 신인상 당선 등단
「월간문학」 수필 부분 신인상 당선 등단
국제 펜클럽 한국본부 회원, 한국문인협회 권익옹호위원
한국수필가협회 회원, 가톨릭 문인회 회원
문학의집 서울 회원, 경기시인협회 회원, 수원 시인협회 회원
계간 문파문학 편집국장
수상 : 제2회 문파문학상, 제2회 동남문학상
저서 : 시집 『애작』 외 3권

01

지난 밤

흠집 날까 두려워 고이 숨겨온 사랑을
두서없이 늘어놓고는
가까스로 빼낸 상념을 벗어 버리듯
눈을 뜨니
지워버린 치부를 되살리려 안달이 난 숙취가
우울한 기억만 주워 온다

낡은 가슴에 머물다 벌거벗은 통한에
머릿속은 다시 난기류에 빠져들고
입술 빛깔 비친 잔이 눈에 들어와
서둘러 여명을 마셔버렸다

밤은 밤으로 족했다

02

읍소

너무 그러지 마라
제발 그러지 마라

주는 만큼 받아야 한다는 아집으로

파행처럼 이어진 나만의 희열은
자주 체념에 부딪쳐
한 줄기 바람 같은 위태로움 앞에
숨죽이고 있다
진저리치도록 다가서는 후회를
쉽게 털어내지 못하고
잠시 보인 외면의 틈새를 비집고
그대 곁에 와 있다

너무 그러지 마라
이러는 나도 싫다

제발 그러지 마라
나도 미치도록 아프다

03

제주 바라기 1

그리움 보러 구름 헤치고
그리움 만나 가슴 풀어 헤치고

농익은 사무침
술잔이 되어

내 시야를 흐리고
난
후

술잔에 고인 가슴 털어
고스란히 주고 온 지금

어느덧 가슴 한켠에
안주한 그리운 얼굴

다시 갈
먼 길이 애달파
저려오는 더 한 그리움

04 백지

얇은 사랑이었나
비운 사랑이었나

눈물에 찢기고
뭇 발길에 구겨지는 타고난 운명
그렇게

흩날릴 사랑이었나

색깔도 없는
창백한 가슴

다시 그려 넣을 공간도 없이
구겨진 사랑

백지만도 못한
사랑을 한 사랑

05 유리

보이는 대로
느끼는 대로
건너로 가기엔 힘겨운
투명의 존재
선뜻 손 내밀면
거부 판이 가로질러
가슴 빛만 투과되는
기형적인 사랑
더 다가서면

스스로 깨져버릴까 봐
냉가슴 앓 듯 바라만 보다
얼룩진 언어만 상처로 남긴
투영의 두려움에
끝내 가슴 닫은 사랑
그것이 다인 사랑

그대는 소리 없이
따스한 햇살이 되었지

박금천

서울 출생
「시대문학」 시 부문 신인상 당선 등단
「수필문학」 천료, 현대수필 회원, 분당수필 회원
창시문학회 회장 역임, 문파문학회 상임운영이사
저서 : 시집 『나목의 꿈』『노을이 물든 언덕』
수필집 『이끼 낀 여인상』
작품집 『시가 있는 여정』

01

양평 가는 길

연초록 물결 하늘거리는 5월
맑은 물 넘쳐흐르는 남한강 물결 따라
양평으로 가는 길
영산홍 꽃잎 하늘거리고
아카시아 향기 따라 발길 재촉하네

호수가 주목나무
꽃잎보다 더 고운 초록잎 입에 물고
임 만난 신부처럼 하늘 보고 웃음짓고
주홍빛 햇살 머무는 곳마다
생명의 숨소리
탄성으로 울려나네

회색빛 도성에서 달려온 사람들
옛 고향 그리며 가슴을 열고
하나님 지으신 세계 탄성으로 찬양하네
이름 모를 새소리
계곡의 맑은 물소리도 장단 맞추네

02

천천히 – 조각공원에서

서두르지 않고
꿈틀 꿈틀
굼벵이의 몸짓이다

온몸을 다해
쉬지 않고 조금씩 조금씩
더듬이를 곧추 세운
필사의 모습이다

가다가 장애물에 걸리면
온몸을 던져
굼벵이도 재주를 넘는다
상한 몸 일으켜 다시
목표를 향해 또 간다

어느 날
화려한 변신
날개를 핀 나방이
화려한 꿈을 펼치고
하늘을 난다

님의 자화상일까?
서두르지 않는 몸짓

03

비너스 – 조각공원에서

생명력이 넘치는 가슴
풍만한 둔부의 여인
긴 머리 날리며 비상하듯
하늘을 응시하고 있다

비너스의 변신
그의 앞에 서면
미소가 번진다
미워할 수 없는 연민이 솟구친다

세월의 때가 만들어낸
곱지 않은 여인상
강인한 어머니
아니
정겨운 어머니
아니 아니
내 모습 자화상일까?
하늘을 보고 비상하려는 비너스의 몸짓

04

시월의 나들이 – 정선으로 가는 길

높고 파란 하늘
빨강 노랑 황토빛의
색동옷 입은 낙엽의 춤사위
떠나는 아쉬움의 몸짓이련가
싸한 바람으로 춤을 춥니다

굽이 굽이 산을 넘어온 길
오색의 양탄자를 펼쳐놓은
시월의 수채화
가슴에서 터지는 탄성의 메아리
골짜기마다 울려 퍼집니다

백두대간의 정기 여울져 흐르는
정선으로 가는 길은
아우라지 뱃길 노 젓는 뱃사공
구성진 정선아라랑 가락이 들리는 듯합니다

05

손 잡고 걷는 길

때로는 멀리서
때로는 가까이서
바라보는 눈빛이 있어 기뻤습니다
높은 곳을 바라보는 소망의 눈빛
낮은 곳을 살펴보는 겸손의 눈빛
그 분의 뜻을 따르려는 믿음이 있어
어둠이 사라지고 눈부셨습니다

어느 날 소란한 거리에서
어느 날 텅빈 광장에서
손 잡고 걷는 길
닫힌 마음 어루만지는 손길
그 분이 있어
구름 사이 무지개 피어오르고
마음의 창 환히 밝아졌습니다

그 분과 함께하는 우리들
오늘도 그 분은 말씀하십니다
메시아 그리스도 그 분의 이야기
성탄의 기쁨이 충만한 계절의 울림소리
우리의 차가운 마음속에
따듯한 선물로 기쁨이 넘칩니다

실바람에도 흔들리는 가냘픈 꽃이여

장의순

일본 동경 출생
「문학시대」 시 부문 신인상 당선 등단
한국문인협회 회원, 시대 시인회 회원, 창시문학회 회원
문파문학회 운영이사
저서 : 시집 『쥐똥나무』

01

애기똥풀 꽃

뒷동산 양지바른 기슭
참나무 마른잎 더미 위에
너풀너풀
파란 새 잎이 여기저기 돋아났네

무슨 풀이길래 이리도 부지런하단 말인가
한 잎 따보니
줄기에서 샛노랑 진액이 솟아오른 애기똥풀이다
언제 이 동산에 애기들이 올라와서 건강한 똥을 누었을까

봄이 무르익으면 알알이 젖내나는 애기똥풀 꽃
샛노랗게 군락을 이루어 일렁거릴테지
애기똥풀 꽃
얼렁 눈에 들어오는 환~한 색에 정감을 느낀다

'품안의 자식' 그때가 좋았다고

02

지옥과 천국

지옥이 따로 없네
천둥과 번개가
난무하는 밤이 무서워

천국이 따로 없네
천둥과 번개가 지난
고요한 어둠이 행복이요

여명이 찾아오고
일상으로 돌아오니
간밤의 지옥과 천국도 찰나刹那이더라

03

가산*의 뒤뜰에서

실바람에도 흔들리는
가냘픈 꽃이여
흰 듯 푸른 듯 미묘한 빛깔

한여름 지나
저녁 조수처럼 피어나

서로 의지하고
곧게 뻗은 촘촘한 밑둥은
바알갛게 달아올라
허생원의 사랑이 배어 있다

메밀꽃
그대
가산을 위해 태어났다
님의 넋인 양
내밀內密한 꽃잎 위에
하얀 나비 춤을 춘다

---

* 가산可山 : 이효석의 호

04

일몰 2

싸늘한 냉기가 속살을 파고든다
산책길 엉성한 나뭇가지 위로
벌써 겨울새가 끼익끼익 거리고
서녘 하늘에서부터 퍼져오는 기명색 노을은
전설같이 아스라한 소녀 시절을 연상한다
그때 하굣길에

천지가 붉게 타는 노을 속에 서서
무어라 형언할 수 없는 전율에
소리없는 절규가 온 하늘로 번져갔어
이후 그렇게 찬란한 빛을 다시는 볼 수 없었네
………
멍하니 바라보는 눈동자 속에
저문 하늘의 잿빛이 가득히 들어온다

05

겨울 햇살

햇살이
겨울 햇살이
비스듬 거실 깊게 비친다

베란다엔
분홍색과 빨강색의 제라늄이
다투며 피어나고
되살아난 말라깽이 카네이션도
아무도 모르게
한송이 꽃을 빨갛게 피워냈다

모두가 나가버린

조용한 공간
오후 4시의 긴 그림자

나는 서부 영화 속의 미인이 되어
내 멋진 몸매에 눈이 자꾸간다

누군가의 눈 속에서 비가 내린다

김안나

충남 서산 출생
｢한국문인｣ 시 부문 신인상 당선 등단
한국문인협회 문인저작권옹호위원, 한국문인협회 용인지부
한국문학회 회원, 시계문학회 회원, 문파문학회 총무
수상 : 제4회 문파문학상
저서 : 시집 『듣고 있나요』 외 2권

01

다름

매미가 허물을 벗었다
매미다
뱀이 허물을 벗었다
뱀이다
사람이 허물을 벗었다
가벼운듯 퍼덕이는
알 수 없는 몸짓
오만 가지가 튀어 나온다
누구일까

02

함께, 조금만 더

내가 아파 봐서 압니다
그대 힘든 아픔을
가슴 치도록 서러워도 목 놓아 울지 못해 압니다
울고 싶을 때 한 방울도 흘릴 수 없는 단단한 눈물을
사는 것보다 차라리 죽는 것이 편할 거라는 못된 생각
수없이 했지만
그러지 못한 건 설령 속는다 해도 내일은 괜찮겠지 하
다 보니 여기더군요

돌아보면 풀 한 포기 없는 황량한 과거지만 와보니 알겠더군요
무의미한 연속의 굴레 속에서 원망과 포기로 흐느적인 내려놓지 못한
자업의 무게였다는 것을
어제를 지나 오늘이라는 발판 위에 서 보니 나보다 더 힘든 누군가가
나를 위해 기원하고 있었다는 것을
이거면 살아 볼 만한 세상 아닌가요

힘들겠지만 힘들지만 조금만 더
독하게 쓴 일상 우걱이던 시간 억울하지 않게
내일, 내일, 멀지 않은 저기 보이는 저곳까지 가서
달콤한 시간 한 잔 마시자구요

03
기원

암흑기를 지나
몽롱히 감았다 뜨는 눈빛
하마터면 놓칠 뻔한 짜리리한 안도의 맥박
전지전능의 손길 세밀히 닿는 곳마다
음흉한 독기 빠져 나와

청정해진 폐부의 숲
조금씩 열리는 푸른 길
어둠은 이제 안녕
찬란한 빛의 평야로
달리고
달리고
달려 주길

04 꽃이 사라진 다음

혀가 덮쳤다
연노란 잎에 썩은 비린내 축축하게 배였다
수치의 뼈들 뚫고 나온 시퍼런 두려움 오돌대도
이죽대는 입안으로 삼켜 버린 양심

하얀 모가지를 향해 흡혈의 촉수 번뜩이며
잘린 이성의 힘 안에 묻어 버린 혀의 원죄

핥은 자리마다 새하얀 꽃향
한아름씩 안은 사람들의 온기
피꽃은 꿈을 꾼다
허공이 가볍다

누군가의 눈 속에서 비가 내린다
신문 귀퉁이 몇 줄이 떠내려 간다
말끔하게 사라진 자리
혀가 덮친다

05

행운목

한 뼘의 공간
깊은 진통 악물고
젖은 눈물 그대로 화석이 된 밤
둥글게 몸 구부리고 더딘 숨소리
가만가만가만
꽃으로 향기로 꽃으로만
벌도 나비도 잠든 세상 하얗게 새우다
잠깐의 눈붙임 채 뜨기도 전
흔적 말아버린 넌
피붙이 하나 없던 단명의 비구니였을까
야밤에 흐르는 슬픔 독경
아침이 없다

더 푸르고 더 깊다

대화

새 이야기

가름끈

구름

신정숙

서울 출생
「시대문학」 시 부문 신인상 당선 등단
시대시인회, 가톨릭문인회 회원, 경기시인협회 회원
창시문학회 회원, 문파문학회 운영이사
수상 : 제2회 창시문학상
저서 : 시집 『사랑한다 말하지 않지만 그네가 흔들린다』

01

대화 – 기도

그저 당신 앞에 앉아서
말수 적은 내가
하고 싶은 말

"다 아시죠"

그리고 역시 말수 적은 당신
그동안 들려주신 말씀
앞으로도 계속 이어질 말씀은
오직 하나
한 말씀을
내가 온생에 걸쳐 듣고 있음을
전 알아요

대화는 조용하지만
우린 점점
깊이 알아가겠지요

02

새 이야기

전설은 그렇게 시작되었다
앞산이 시원하게 비치는
유리창에 부딪혀 죽은 새가 있어
마당 한쪽에 묻어주었다고 했다

유리창에 비친 동네 앞산
더 푸르고 더 깊다

새의 눈을 홀린 새로운 세상
있으나 있지 않은 것
있지 않으나 있지 않은 것이 아닌 세상
깊게 펼쳐진 세상을 향해 날아가다
새는 투명한 벽에 튕겨 나갔다

유리창 안의 산에
새는 없다

앞산은 앞에 있었다
가까이에 있었다

03

가름끈

줄 하나를 드리운다
그 줄을 따라
바닥까지 닿아
기억하기 위해
심연을 향해
너에게로

줄 하나를 끼워 넣는다
그 줄 뒤에 서서
너의 한 갈피를
잊지 않기 위해
언젠가 다시 가기 위해
너에게로

줄 하나로 붙잡는다
그 줄을 의지 삼아
너의 가슴 한복판에
그대로 스며들어
함께 파도가 되기 위해
한 줄이 된다

04

구름

한참 동안
보고 있었다
분명 보고 있었는데
아주 달라져 있었다
눈도 떼지 않고 있었는데
구름은 그대로인데
영 다르다

기다림의 마법이 풀리는 날

김태실

충남 천안 출생
「한국문인」 수필 부문 신인상 당선 등단
「문파문학」 시 부문 신인상 당선 등단
한국문인협회 문단 정화 위원, 국제 펜 클럽 한국본부 회원
한국수필가협회 회원, 가톨릭 문인회 회원
문파문학회 상임운영이사, 동남문학회 회장 역임
수상 : 제3회 동남문학상, 제8회 한국문인상
저서 : 수필집 『그가 말하네』

01

나를 부르는 손

그가 나를 훔쳤다

아롱대는 햇살 속에서
"들어와" 손짓하는 그 순간
첫걸음을 떼기 시작했지
아무것도 안 보여
빛살 사이에서 날 부르는 손 밖에는
작은 자갈들이 널린 길을 걸을 때
조금 뒤뚱댔지만 곧바로 익숙해졌어
여전히 나를 향해 나비처럼 나풀대는 손
계속 걸었지
작은 바위가 정강이를 스칠 때
휘청거린 나를 부축해 준 건 너였어, 고마워
더 멈출 수 없어
네게 가까이 갈수록 눈부셔, 눈이 멀 것만 같아
나를 향한 네 다정한 손짓은 너무나 잘 보여
이제 만날 때쯤 되지 않았을까
여전히 날 부르는 너
그래도 오라고
그래도 와야 한다고

02

나비야

새로 일군 밭에 정성들여 심긴 씨앗
촉촉한 흙에 몸 붙여 숨죽이더니
기氣 들어차기 시작한 여린 생명
찬찬히 고개를 든다
마술처럼 올챙이꼬리 같은 날개 달고
연이어 하나하나 생겨나는 형체
초음파사진 들여다보면
옹골찬 뼈대 파닥이는 날갯짓
하루가 다르게 크는 선명한 그림이다
눈을 감아도 밟히는 신비한 기적
그래, 그래
손잡을 날 멀지 않은 우리 자연한 소통
팔랑팔랑 달려오는 모습
귓가에 쟁쟁할 목소리 언제일까
푸른 하늘같이 반짝이는 희망
어여쁜 딸의 분신

03

나비의 꿈 1

숙명처럼 고치를 지닌 배롱나무
매끈한 나뭇결 은밀한 곳
텅 비어 있는 집에 나비 한 마리 들였다
바람 빛깔 바뀔수록
선명히 드러나는 나비의 형체
머리 가슴 배 더듬이, 발차기를 했던가
고치는 나비의 우주, 가득 차려면 기다려야 해
이슬 비치고 문 열릴 때까진 견디자, 나비
네 날개가 구김살 없이 각 세우게 될 날은
청포도 익는 칠월
조롱조롱 매달린 고치 문 열고
안간힘 쓰며 빠져나올 나비
한동안 제집 잡고 몸 말려 각 세울
푸른 형광 빛 날개
희망차겠지

04

나비의 꿈 2

어디서 왔느냐고 묻지 마세요
몸 누일 따뜻한 방 찾지 못해

알라딘의 요술램프 같은 마법의 주전자에서
웅크리고 기다렸으니까요

계곡물 콸콸 흘러내리듯
주전자 꼭지에서 쏟아져 나온 황금빛 구름 타고
드디어 좁지만 내 방 하나 차지했어요
아늑하고 따뜻한 방
놀다 자고 놀다 자기를 반복하면서
자유롭게 날개 펴는 연습을 할 때
우주 쿵쿵 울리며 "다 너를 위한거야"라는 소리
들리곤 하지만 뼛속 깊이 느껴지진 않아요
나는 꿈꿔요
날개 활짝 펴고 푸른 하늘을 나는 모습을
사람들에게 보여주는 날
'아서 캔들러의 코카콜라'처럼
꿈은 이뤄지리라는 것을
희망으로 감싸인 꿈의 제목은 '숭고한 탄생'
기다림의 마법이 풀리는 날 우리
행복이란 문패를 달기로 해요

05

나팔꽃 심장

제시간을 못 맞추는 손목시계 배터리를 갈아 끼웠어
건전지에 가득 찬 단단한 연료
푸른 아침을 열고 점심을 흡입하고 저녁을 달리는 동안
슬금슬금 봄 눈 녹듯 사라져 갔지
멈추기 전 느릿느릿
시간을 맞추지 못하면, 때가 된 거야
째-깍 째-깍
건전지 갈아 끼우기를 반복하는 일
몇 번이고 새아침을 맞는 일이지
그녀는 지금 저녁을 살고 있어
몸속에 단단한 연료를 숨기고 다니지
쪼글쪼글 팔뚝 시들한 정맥이 다시 살곤 해
왼쪽 가슴 배터리를 갈아 끼우면
저녁의 아침을 열고 저녁의 점심을 흡입하고
저녁의 저녁을 달릴 수 있지
나팔꽃으로 피어 있다가
작은 바람에도 정신이 아득해 오면
심장 배터리를 바꿔주어야 해
몇 번이고 멈출 수 없는
밤으로 넘어가길 거부하는 몸짓
저절로 문 닫히는 밤이 오기까지
그녀의 가슴에서 녹고 있는
생명의 건전지

긴 밤 빗소리를 닮았어요

폭력신고

폭포

바위의 눈물

번데기

원도이

강원도 횡성 출생
「문학시대」 시 부문 신인상 당선 등단
한국문인협회 회원 국제 펜 클럽 한국본부 회원, 경기시인협회 회원
시계문학회회원, 문파문학회 운영이사
수상 : 제3회 창시문학상, 제6회 농촌문학상
저서 : 시집 『머물지도 떠나지도 않는』 외 1권

01

폭력 신고

김불만 2011. 4. 13(수) 2, 3교시 무단 결과
3월부터 현재까지 무단 결석 및 무단 조퇴 3회
당일 15시 30분 학부모 소환

야, 이 ××년아 학교에서 오란다고 오냐
처음으로 상담실에 들어서는 어머니
남교사 담임은 순간 학생의 뺨을 두어 대 후려친다
타이르는 말 같은 건 쓰레기통에 집어넣고
힘찬 팔뚝과 손바닥이 내지르는 말을 들어야 한다는 듯
없는 애비의 손을 빌어 이렇게 때려줘야 한다는 듯
철썩, 하는 소리가 벽을 울리며 문밖으로 새어나갔다
어쩌면 선생은 어미의 눈물을 위로하고 싶었는지도 모른다
희뿌옇게 낡아서 물이 들어 있는지도 분간하기 어려운
금간 플라스틱 물통 같은 몸에서 흘러나오는 액체
아이의 몸에는 화약이 가득 채워져 있었다
누군가 아이의 몸속에 화약을 조금씩 투입해온 것인지
아이 스스로 오랜 시간 화약을 제조해온 것인지
아니면 위의 두 가지 양분으로 화약이 자생하여
무럭무럭 자라나 버린 것인지 알 수 없었으나
과적된 화약은 안전핀이 고장나 있는 것이 분명했다
손끝으로 건드리기만 해도 얼씨구나 터질 참이었다

빰에서 불이 일자 화약은 선생의 멱살을 잡는다
멱살과 화약의 긴장으로 몇 초 간 상담실 책상이 숨을 죽였다
혹시 멱살의 키가 작거나 몸집이 작았다면
멱살은 보기 좋게 동강났을지도 모른다
다행히 멱살은 커다란 동물의 손바닥으로
화약의 뇌관을 유유히 움켜쥐고 흔들 만큼 힘이 셌다
불발된 총구는 시뻘건 연기만 내뿜어진다
덩치 큰 사나운 동물이 치켜든 앞발의 기세에 눌려
일단 꼬리를 내린 것이다
화약은 연기에 그을린 얼굴을 닦는다며 화장실에 다녀왔다

학교폭력 신고가 들어와서 조사하러 나왔습니다
20분 후 거수 경례를 하는 경찰제복

02

폭포

낙하지점에 이른 물줄기는 힘차게 뛰어내린다
여기가 낙하지점이라는 신탁의 음성을 듣기라도 한 듯
물줄기는 온몸의 무게로 구름판을 구른다
낭떠러지 아래로 쏠리는 속도에 빨려들며

붙어버린 가속도에 몸을 맡긴다
골짜기마다 앞을 가로막는 돌부리와 싸우며 일던 거품
출구를 찾아 좁은 소 안을 맴돌던 시간이
팝콘처럼 부풀어 오르며 하얗게 흩날린다
날 때부터 몸에 가득 차서 늘 졸졸거리던 울음은
한꺼번에 굉음으로 터져 건너편 산을 뒤흔든다
뛰어내리고 있다는 희열에 공중을 몇 바퀴 돌다가
절벽에 부딪히며 찢어진 어깨에서 깃털이 날아오른다
떨어지는 것은 결코 추락이 아니라는 듯
물줄기는 산을 양쪽으로 갈라내며 비상하고 있었다

03

바위의 눈물

캄보디아 사람들은 슈가팜트리에 상처를 낸 뒤
그 수액을 졸여서 달콤한 식탁을 차립니다
폴포트 정권*은 톱날이 박힌 이 나무의 잎사귀로
수많은 지식인의 목을 쳤다고 합니다 아마도 이 나무는
제몸 아래 뒹구는 붉은 머리통을 눈멀지 못해 다 보았을 것입니다
천주교도의 머리채를 어깨에 거꾸로 매달아
그네를 태워 죽이던 해미읍성 회화나무의 울음소리가
이 나무에게서도 들려왔습니다

국외자율연수 기행보고서를 마무리하는 김 선생
마침 쉬는 시간 종이 울렸습니다
항아리에 담겨 있다가 종과 함께 뚜껑이 열린 소리들
복도의 공기를 마구 휘젓기 시작합니다
화장실에 가려고 교무실 문을 여는 순간
야아, 거기 서! 하는 굉음이 달려왔습니다 바윗덩어리
커다란 낙석이 덮쳤습니다 복도에 자빠지며 나뒹구는 김 선생

몇 시간 후 오른팔과 머리통에 깁스를 한 김 선생 앞에
바윗덩어리가 뚝뚝 눈물을 흘리고 있습니다
김 선생은 성한 왼쪽 팔로 휴지를 건넵니다
앞으론 조심해 복도에서 뛰지 말고
들썩이는 어깨가 바윗덩어리를 부숴냅니다
부서진 조각들이 뜨거운 눈물에 녹아내리기 시작합니다

* 폴포트 정권 : 크메르루즈의 지도자 폴포트는 집권 중 약 200만 명 이상의 지식인을 학살했다고 한다.

04

번데기

아버지 봄누에 치고 계시네요
링거액으로 온몸이 퉁퉁 불었던 아버지
뻐꾹새 울음까지 불러
톡톡 푸른 하늘을 두드리시네요
무덤의 초록 잔디가 뽕잎처럼 무성해요

아버지의 잠실에서 뽕잎 갉는 소리 들려요
긴 밤 빗소리를 닮았어요
사각사각 그녀의 울음을 밟아주던 아버지의 낮은 음성
누에가 무럭무럭 소리들을 먹어요
퉁퉁 불었던 아버지 손가락만큼 실해져요

무덤의 입김이 따스해요
누에가 어리를 치기 시작하네요
침침한 공기를 하얗게 부숴요
그녀의 낡은 방들이 리모델링을 시작해요
흠투성이 장롱이 버려져요
바랜 벽지가 부슬부슬 떨어져 나가요
봉분 앞에 하얀 고치가 쌓여가요
한 토막 이야기를 풀어낸 번데기가
고치마다 들어앉아 있어요

고치를 널어 놓을 돗자리를 펼쳐야겠어요
번데기가 깨어나면
그녀 어깨 위에 햇살이 부서질거예요
노랑나비 한 마리 날면 좋겠어요
별자리를 만들면 더욱 좋겠어요

아버지의 잠실에서
봄마다 번데기가 깨어나요

더 이상 배울 것이 없는 줄 알았다

양채은

서울 출생
「문학시대」 시 부문 신인상 당선 등단
창시문학회 회원, 문파문학회 운영이사
저서 : 공저『그 사람 발자국 위에 내 발자국 한번쯤 포개질 때』 외 다수

01

짝사랑 1

끝도 없이 용솟음치는 마음을
비우고 또 비워
더 이상 비울 것이 없는 줄 알았다
남아 있는 티끌이 있다면
그것마저 날려 보내리라 생각했다
그럴 수 있다 생각했다
먼발치에서 너의 웃음소리만 들을 수 있어도
그것으로 충분했다
비굴할 만큼 너를 사랑했던 것 같다
어느새 깊어진 너의 눈을 보고
넓어진 너의 어깨를 보고 돌아서 왔지만
어두워진 거리만큼이나 서글퍼지는 마음
추적추적 비가 내린다
우울한 이 비는 곧 그칠 테지만
너를 향한 불멸의 내 사랑은
아마도 멈출 수 없을 것만 같다

02

짝사랑 2

내 인생의 행복한 반전드라마는
너로 인해 시작되었고
아마도 내 생애 다하는 날까지 가장 큰 행복도
너로 인한 것이라 예감한다
설원 속에서 피어난 에델바이스 같은
지고지순한 사랑을 네가 만날 때까지
아니, 그 사랑이 너무 소중해서
네가 나를 돌아보는 일이 없을 지라도
너에 대한 나의 사랑은
변치 않는 불멸의 사랑일 것이다
식어버린 차의 밍밍한 맛처럼, 너에게 난
이미 오래전부터 따분한 사랑이겠지만
어쩜 좋아, 나에게 넌 언제나 항상
봄날 들녘에서 불어오는 상쾌한 바람처럼
향기로운 것을
단 하나의 내♥ 사♥ 랑♥

03

사랑 1

은하수 물결 자작나무 숲을 지나 어디쯤

아무도 밟지 않은 순백의 설원을 지나 어디쯤

운명이라 이름 지을 수 있는 꽃 한 송이

그대 창백한 가슴에 피어난 꽃 한 송이

깊은 숲속, 길을 잃고 방황하는 그대 가슴에 피어난 꽃 한 송이

캄캄한 망망대해 표류하는 배 위로 쏟아지는 한 줄기 달빛처럼

그대 가슴에 타오르는 등불로 피어난 꽃 한 송이

04

사랑 2

허공중에 흩어져 날리는 저 초연의 흰 꽃
눈물이어라

서로의 아픔을 보듬은 가슴속 울음
그대의 참 고운 눈물이어라

하늘이 바다인 듯 바다가 하늘인 듯
하나의 몸으로 잉태되는 절정의 순간

한 송이 꽃으로 피어난 그것은
사랑, 사랑이어라

05

겨울나무

야위어가는 겨울나무 가지 끝에서
그리움은 온다

분홍빛 칵테일 추억마저 풍장해 버린
저 메마른 침묵

빈 잔처럼 사라져 버린 흔적을 안고
사막에 이는 모래 폭풍처럼 걸어온다

첫사랑의 눈빛을 머금고
북극을 횡단해 온 저 환한 전라의 달빛

그 달빛에 젖다 보면
황무지에서도 그리움의 꽃은 피어나는가

가는 물결소리 코끝으로 몰려든다

정릉 새

빈방의 독주회

저 황금빛 참외

전생에 갱지였던 것처럼

향로봉에 어룽거리는

한윤희

서울 출생
「문학시대」 시 부문 신인상 당선 등단
시대 시인회 회원, 호수문학회 회장, 문파문학회 부회장
저서 : 시집『물크러질 듯 물컹한』

01

정릉 새

휘어이 바람 훠~이 물 훠이 훠이 햇살 새는 피로와 습기를 매단 채 어린 새들에게로 날아든다 정릉 28번지 작은 언덕 아래 아비 새가 둥지를 틀다 땅으로 떨어진 후부터 그녀는 그 가지에서 내려오지 않았다 아이패드 카카오톡 물결 세상은 함부로 몰아치는데 깃털의 색도 바꾸지 못하고 들이치는 빗물 퍼내느라 젖은 날개 떨고 있다 날개치고 휘젓고 다니던 캠퍼스 그 형형한 눈빛 호수처럼 고여 있고 지저귀는 향기는 가슴을 찌른다 김정일이 핵이라도 터뜨렸으면 좋겠다고, 하루하루 꽃밭인 시인에게 막무가내로 지저귀고 있다 그녀의 어깨에 궁색하게 매달린 빛바랜 가방 나뭇가지 휘어지는 아픔의 무게 이내 쏟아질 듯 내 안으로 출렁거린다

02

빈방의 독주회

일산에서 목동으로 가는
바이올린 발신음
끊임없이 이어진다

뒤치락거리던 어머니의 주름진 손

방으로 쏟아지는 네 줄기 빛
가만히 들어 올려 바이올린 켜고 있다
- 6.25와 첫사랑의 기억-
오랜 시간 먼지만 받아들고 있는 식탁
말없는 빛바랜 얼굴들
귀퉁이 낡은 일인용 가죽쇼파
객석에 앉아 눈물 흘리고 있다
연주가 끝나자
홍건해진 빈방의 햇빛들
일제히 일어나 박수를 친다

다시 시작하는 백발의 연주자
- 6.25와 첫사랑의 기억-
- 6.25와 첫사랑의 기억-
생의 밑단에 앉아
수없이 반복하는 연주

먼 날의 내가 들리기도 하다가
전화 벨소리 이어지고
가는 물결소리
코끝으로 몰려온다

03

저 황금빛 참외

과일가게 진열대 가장 높은 자리
가장 빛나는 황금빛 참외
복숭아 분홍빛 시선, 붉은 자두의 시선 뒤로 하고
골도 깊고 선명한 것이 당도도 높아서
봉투에 담아 왔다
귀품있는 속살 하얗게 드러나고
달달한 욕망의 씨앗들이 줄줄이 매달려 있다
서민의 지갑까지 안간힘으로 붙들고 있는
땅속에 묻힐 때까지도 다 써 보지 못할
저 남루한 욕망! 욕망들이 줄을 서고 있다
주루룩 손가락 사이로 흘러내리는
끈적한 욕망들, 또 다른 욕망이 혓바닥을 길게 내밀어
재빠르게 핥고 있다 팔꿈치에서 뚝 뚝 떨어지는
달콤하기 그지없는 과즙 어디서부터 맡고 왔는지
개미 떼까지 몰려와 아수라장이다
손은 끈적거리고, 내 마음도 끈적거리고
내 숟가락은, 내 욕망의 숟가락은
너의 숟가락은, 건너편 길을 걷고 있는 저 숟가락도
욕망의 숟가락이긴 마찬가지인데
흰 살에 박힌 한 톨의 씨앗까지도 남김없이
긁어내고 도려내고 있다
덩그렇게 쭈글거리는 고개 숙인 얼굴

빛은 바래고 오랜 때까지 절어 있는 황금 배지
가게 환하게 밝히고 앉아 있던
참외, 그 껍질 벗기다가
어쩌자고 세상의 껍질까지 벗기고 있는 건지

04

전생에 갱지였던 것처럼

글을 읽다가
갱지라는 언어가 마치
낡은 벽 같은 언어가
어처구니없이 마음에 쩌~억
달라 붙는다 사랑 앞에 선 가슴처럼
두근 두근 두근거린다
눈물 머금고 있는 듯 음울한
갱지 같은 벽들이 우르르르 안으로 몰려든다
유년의 얼룩진 계단을 밟고
깊고 아득한 심연으로 끌려간다
말라비틀어진 담쟁이 넝쿨로 뒤덮인
낡고 해진 벽에 기대어
바람이 흔들고 간 창문 소리
다시 꺼내 듣는다
비가 뿌리고 간 모호한 선들

유리창에 아련하게 흩어지고
오래된 시간의 파열음
그 깊은 음악에 파묻힌다
마치 전생에 갱지였던 것처럼

나는 지금 그 벽에
옛날 냄새 나는 누런 갱지 위에
타고난 우울한 기질로
슬픔을 비벼대며 정신을 갉아대며
나를 긋고 또 긋는다

05 향로봉에 어룽거리는 – baby boomer

한 주간 처절한 시간 속
소란스런 생을 견디던 몸들
북한산 등줄기에 얼룩덜룩
상처인 듯 무늬인 듯 줄지어 구불거린다

생의 절반쯤 기어 올라온
한 그릇 밥을 위하여 치열했던 몸들
상수리 그늘 아래 모여 앉아
늘어진 눈꺼풀 힘없이 껌뻑이며

다람쥐처럼 두 손 모아
더 이상 아무것도 쥘 수 없어
헛헛해진 손 모아 삶은 밤 까먹고 있다
간혹 갈바람에 머리카락 희끗거리고
생처럼 녹록치 않은 껍질 벗기다가
발 아래 신골 치듯 들어찬 자본, 내려다본다
자본에 물들어 와글와글
눈부시게 솟아나는 성냥갑
불광동을 지나 화정, 화정을 지나 일산
일산을 지나 파주까지 빠르게 번져나간
물결, 그 물결 가장자리에서
서서히 지워져 가는 물결들
입안에 쓴 물이 고이고
한 귀퉁이 검게 상한 밤 내뱉으며
소주를 넘기고 있다

상수리 잎사귀 어룽 어룽거리며
그 어깨들 토닥이는데
저 멀리 족두리봉에도
한무리 가엾은 생들
상처인 듯 무늬인 듯

애석한 그리움 지울 수 있겠니

어버이의 역사 일기

메뚜기의 한숨

구름 한 조각

조각배

이별

백미숙

제주 출생, 「한국문인」 시, 수필 부문 신인상 당선 등단
한국문협 한국문학사 편찬위원, 국제펜클럽 한국본부 회원
한국수필 회원, 문학의집 서울 회원
창시문학회장 역임, 문파문학 명예회장
수상 : 창시문학상, 새한국 문학상, 황진이문학상 본상
AK플라자 공모작품 은상
저서 : 시집 『리모델링 하고 싶은 여자』 『나비의 그림자』
공저 『한국대표명시선집』 『성남문학작품선집』
『2013명시선집』 『신문예』 외 다수

01

어버이의 역사 일기

꽃내음 살레살레 앞뜰에 스미고
진달래 장미꽃 색시처럼 수줍게 손짓하는
5월 어버이날, 봄빛이 바람결에 출렁이는데
하늘보다 넓고 높은 어버이 은혜를 생각한다

맨살 찢기는 고통에 몸서리치던 날들
목숨 같은 아들 대동아 전쟁터로 끌려가고
가진 재물 야금야금 모두 일본에 강탈 당한
조국의 슬픈 역사 36년 젊은이들이 어찌 알겠니
핏물 가득한 지옥 같은 굴욕의 세월을

비로소 파란 하늘을 바라볼 수 있었던
피눈물로 쟁취한 해방과 독립
그리고 또다시 붉은 사상으로 물든 김일성의 6 · 25
피 비린 동란으로 잃어버린 가족 폐허가 된 山河
그러나 오직 나라와 자식을 지켜야 된다는
굳은 신념 하나로 배꼽에 들러붙은 주린배 움켜잡고
자식 낳아 열심히 키우고 가르쳤지

라면이라도 끓여 먹으면 될 걸
왜 배고프게 살았느냐고 되묻는 젊은이들
보리이삭 주워다 죽 끓여 먹으며

젖 달라 보채는 갓난아기 등에 업고
허우적 거리며 보릿고개 넘어가던 그 시절
살얼음 견디며 살던 지난 세월의 아픔

오늘 세계의 선진국과 어깨 겨루며
당당하게 살아갈 수 있는 조국을 만들어 준
그 어버이들, 지금 어떤 생각을 하고 계실까
봄 햇살 어루만지며 웃음꽃 피는 진달래처럼
따사롭고 행복한 기쁨 느끼고 계실까

02 메뚜기의 한숨

불꽃이 활활
논밭을 태운다

먼 산기슭 어둠 곁눈질하는 새벽
밤새도록 한숨 잠 못 이룬 메뚜기 한 마리
목말라 쩍쩍 갈라진 논바닥
바짝 말라비틀어진 발바닥 바람개비처럼 부비며
노랗게 여위어 가는 볏잎 사이로
서리 내린 가슴 두드리며 한숨 토한다

무심한 뭉개구름 한 조각
목화솜처럼 흩어져 버리고
가마솥 까맣게 타들어가는 열기
소나기 한줄기 쏟아부어 준다면
논두렁에 발 구르며 덩실덩실 춤추고 싶다

한 방울 새벽이슬마저도 내려주지 않는 하늘
불꽃 식혀 줄 비 소식 어디에도 보이지 않고
말라붙은 냇물 물기 없는 나뭇잎
갈증에 쓰러진 들짐승
불가마 속 같이 뜨거운 열기
주저앉아 탈진한 눈물 맺힌 작은 눈동자
메뚜기 한숨소리 마른 풀잎 바느질한다

03

구름 한 조각

바람의 입술이 물고 온 은행잎 하나
구멍 뚫린 고무신 위에 떨어지면
순간 눈망울엔 이슬 고이고
아련히 떠오르는 고향 하늘

할머니 젖가슴 만지던 꼬막 손으로

냇가 자갈밭에 떨어뜨린
설익은 언어들을 주워 담는다

돌담 울타리에 기대어 기웃거리며
오돌오돌 심장을 두드리던 키 작은 소년
실눈 뜨고 엿보던 그때의 기억
성도 이름도 구름 한 점인 듯 아득하다

04

조각배

바다여, 파도를 멈추어 다오

조그만 조각배를 띄우고 싶어도
무섭게 용틀임하는 너의 노심怒心을 아,
나는 왜 멈추게 하지 못하는가

작열하던 태양의 마지막 숨결을 거두어들인
너, 바다여
뜨거워진 네 마음을 식히지 못하느냐

고요한 이 밤
네 잠은 어디로 갔기에 이렇게

눈을 감지 못하고 가슴 아파 하느냐

사랑하는 마음은 괴로움인 걸
사랑하는 사연은 알 수 없는 것
내 마음은 알 수 없는 깊은 용궁처럼
내 마음 깊은 곳에 숨겨져 있구나

바다여, 파도를 멈추어다오
우리 서로의 마음 아픔에 겨워
이 밤을 새우리니
이 밤이 가고 새벽이 오면
잔잔한 바다 위에 조각배를 띄워
사랑하는 마음을 멀리멀리 떠나 보내련다

바다여, 이제 그만, 파도를 멈추어 다오

05

이별離別

이제 그만 내려놓을 수 있겠니
마음에 여유가 조금 남아 있을 때
이별은 가슴에 상처가 되겠지만
미련은 버릴 수 있을 테니까

말없이 고요하게 향기를 뿌려주는
한포기 난에서 피어오른 꽃잎처럼
멀리 있어도 그윽한 향내 머금고
애석한 그리움 지울 수 있겠니

빈가슴에 비가 내린다

허수아비

바다를 걷는 바다

게 2

일상처럼

복이 있나니

운산
최정우

경기 안성 출생
「한국문인」 시 부문 신인상 당선 등단
한국문인협회 회원 , 경기시인협회 회원
동남문학회 회원, 문파문학회 사무국장
수상 : 제9회 동남문학상
저서 : 공저 『시간 속을 걸어가는 사람들』 외 다수

01

허수아비

배고픈 날이면 지하철을 타고 들판에 나가
밤새 외발로 서서 허기진 날들을 나누어 주고
돌아오는 길 어디선가 칠흑 같은 총소리에
놀라 새 한 마리, 빈 가슴에 비가 내린다

아침이 가고 떠나면
언제 또 올까 떠나지 못하고 서서
지친 영혼 쉬어 가라고 비에 젖어
뼈만 남은 밤을 하얗게 가슴에 품었다

재잘거리는 바람 소식 남아 있는 오늘도
빈 가슴엔 돌아오지 못하고
두 발로 딛고 서기 부끄러워
외발로 울며 노을을 본다

번개 치는 어둠 사이로 카인의 후예들이
웃음지으며 다가오는 두려움에도
아무도 울지 못하는
앙상한 어깨 위로 찬비 내리는데

또 다시 그 가을이 오면
외발로 서서 지친 영혼 쉬어가라고

들녘에 익어가는 별을 헤아린다
별이 지는 밤을 밤새 헤아린다

02

바다를 걷는 바다

물결 위에 파란 바람이 불면
외로운 바다 은빛 바다가
어머니의 바다로 노를 젓는다
파릇한 사랑을 노래하던 그 바다는
봄날 안개 같은 그리움이 밀려오면
홀로 떠나보낸 바다가 그리워
돛대 하나 매달고 몇 밤을 헤매이다가
하늘을 무심히 바라본다
노을 같이 솟아난 붉은 그리움도
눈물로 닦은 별처럼 맑은 밤도
가슴에 싣고 말없이 바다로 떠난 바다가
이른 새벽 홀로 잠 못 이루고 바다를 걷는다
바다를 걷는 바다처럼 흔적 없이 사라진
운명 같은 사랑도, 처음 만난 그 바다처럼
파란 눈물 같은 바다를 걷는 바다
맑은 밤에 눈물로 별을 닦는다

03

게 2

앞으로 걸을 줄 몰라 옆으로 기어가는
게 한 마리 해변을 걸어간다

바다와 나란히 수평선 따라
평등하게 길을 걷는다

걸어갈수록 발가락 사이로
삐져 나오는 발걸음

해를 품은 파도처럼
가진 것 비우고 바다를 삼킨다

수줍은 발걸음
옆으로 옆으로 기어가는

모래알 사이마다 해 뜨는 바다
아침 붉게 하루를 연다

04

일상처럼

눈 내리는 겨울
빈 수레 새벽을 끌고
일상처럼 거리를 줍는다

어제도 먹지 않아 허기진 배를
햇볕으로 채우고 앉아
한낮의 졸린 눈을 깨우고 있다

아무리 주워도 배고픈 손끝에
노을은 지고
삐걱이는 손수레 언덕을 오른다

손수레가 무거운 날에는 언덕이 울고
손수레가 가벼운 날에는 허기진 배가 울었던 오늘
언덕이 울고 삶이 우는 꿈을 꾼다

이른 저녁을 먹고 일상처럼
언덕을 오르는 꿈을 꾼다
바싹 마른 햇빛에 눈이 부시다

05

복이 있나니

지직거리는 라디오의 쉰 목소리를 타고
햇빛이 정수리를 쬐고 있다

가난한 자는 복이 있나니

빵 한 조각을 얻어먹고
빵 부스러기 같은 일을 했다

가난한 자는 복이 있다고

가난한 자를 위하여
더욱 가난해 지라고

가난한 자는 복이 있다고

가난하여 더욱 허기진
이따금 들려오는 힘없는 소리

가난한 자는 복이 있나니

배고픈 오늘 하루를 보내고
배고픈 내일이 없는

마음이 가난한 자는 복이 있나니

이슬 한 방울 꽃잎에 내려앉았다

서선아

대구 출생
「한국문인」 시 부문 신인상 당선 등단
한국 문인회 회원, 경기시인협회 회원, 동남문학회 회장 역임
수상 : 제5회 동남문학상
저서 : 시집 『4시 30분』

01

생명 – 이슬 한 방울

이슬 한 방울
꽃잎에 내려앉았다
초록 잎으로 굴러 반짝 태양을 품는다

하루가 기울어
해가 산허리에 비스듬이 앉고
나무의 그림자가 길어질 때 알았다
해가 산 넘어 간다는 걸

이슬이 사라진 뒤의 일을
아이들에게 일러 주어야 하고
낙엽이 된 벗어 놓은 삶의 껍데기
나무 아래 묻어달라고 말해야겠다

해 없어도 나무 아래서
달님과 이야기하리라

02

잿빛 마음

푸른 하늘 바다에 비행기 한 대가
하얀 꼬리 달고 유영을 하는 한낮
가로수 오월은 녹색이어야 한다고
팔 흔들며 소리 지르고 있다

녹색의 소리도 귀 막고
하늘 바다 푸르름도 눈감아 못 보는
네모난 회색 상자에 스스로 꼼짝없이 갇혀
한 발짝 문밖이 없는 그 여자

무지개 일곱 빛 꿈
타버린 뒤 남은 건 형태 없는
재 한 덩이
한 줌 집어 공중에 날려 본다
날아오른 재가
지난 날을 후회하듯 허공 중에 유영을 한다

어느 하루 소나기 강물이 넘도록 쏟아져
다 떠내려가 버리면
저 여인 문밖 뻐꾸기 소리 들으러 나오려는지

03

유원*

붉은 깃발에 낫과 호미를 든 성난 군중이 들어오던 그 문에
오늘
먼 길 찾아온 관광객들 피의 흔적은 모르고
높이 선 누각의 높이만 칭찬하네

길게 늘어선 회랑을 걸으니
찻잔 받치고 종종걸음 치던 여종의 모습이 보이고
높은 정자에는 차 마시던 아가씨 분향이 난다
유유히 노는 황금잉어 세월을 다 먹어
지난날 말하는 이 없다

이리저리 미로를 걸으니
마음 다하여 공사하던 인부들의 노고가 가슴으로 들어온다
백 년을 지나도 그 자리에 귀이한 모습의 돌비석
동산 지키는 나무의 초록 변하지 않고

다음 세대에 오는 세계인들 다정한 눈길 받으며
늘 그 자리 깨끗한 물에 잉어 노니길 기원 하며
지나는 과객 연못에 동전을 던진다

---

* 유원 : 소주에 있는 정원이 아름다운 별장

나의 봄은 그대 가슴에

부활

먼 빛

고추대를 뽑으며

겨울바다

씨티 촬영

이규봉

충북 제천 출생, 한양대 대학원 졸업
「한국문인」 시 부문 신인상 당선 등단
한국문인협회 윤리위원, 동남문학회 회장 역임
경기시인협회 회원, 문파문학회 운영이사
사진예술 회원, 寫藝 작가, 수원교구 가톨릭사진가회 교육위원
수상 : 제6회 동남 문학상
저서 : 시집 『울림소리』

01

부활

봄은
높은 나뭇가지를 비켜
낮은 풀꽃으로 왔습니다
노루귀 현호색 바람꽃 제비꽃
양지꽃 냉이꽃 꽃다지……

나의 봄은
그대 가슴에
봄꽃으로 여물은
작은 씨앗 하나
묻어 두는 것입니다

02

먼 빛

유럽에 첫발을 디딘 프랑크푸르트의 밤
미명의 새벽
쾅 쾅 쾅
개 짖는 소리에 붉은 대륙이
부스스 눈을 비빈다

먼 빛은 소리로부터 귀띔을 한다
닭 우는 소리
개 짖는 소리

혼돈의 어둠 속
바다와 땅이 생겨나던 새벽에도
개는 지금처럼 쾅 쾅 짖었을 것이다

캄캄한 무덤을
몰래 빠져나온 새벽에도
개 짖는 소리 지금처럼 들렸을 것이다

뾰족한 종탑 위에 하얀 종소리
먼 빛이 조용히 다가선다

03

고추대를 뽑으며

까마귀 대가리도 벗겨진다는
처서도 지나갔어
백로의 철이 다가온 거야

전철의 경로석처럼

네 자리를 비워 두어야 해
배추모도 심고 무씨도 뿌려
겨울 곡간을 채워야지

태풍에 넘어질까 지지대 받쳐 주던
목 탈까 물 뿌려주던
탄저병 올까 약 먹여 주던
그 손으로
그 손을 비누칠 해 씻어내고
아직 파란 열매 맺힌 네 뿌리의
흙을 털어야 해

봄을 만들고 또 가을을 만든
순환의 고리 속으로
이 가을의 초입 너를 보낸다

04 겨울바다

조개껍질로 바닷물을 퍼올리던 손 그림자
거센 파도에 휩쓸려
먼 바다로 유랑流浪한다

그 높은 파도만큼이나 명징하게
사인 커브 코사인 커브의 상한점 하한점을 찍어내
칠 것은 단숨에 쳐 버리고
반짝이는 것은 한없이 반짝이게 하며
가슴속 깊은 한 구절 게송偈頌*을 토해 내
봄 여름 가을 동안 쌓인 해무 말끔히 씻어낸다

나는 날아가는 바닷새의 날개에 실려
겨울 꽃들이 반짝이는 파란 꽃밭 위를 난다

---

* 게송 : 부처의 공덕이나 가르침을 찬탄하는 노래

05

씨티 촬영

우주선이 천천히 물레방아처럼 돈다

나는 우주선을 타고 작은 우주여행을 떠난다
등뼈 같은 산맥을 내려다 보기도 하고
하얀 구름 속을 지나기도 하고
갈매기처럼 푸른 바다 위를 날기도 한다

태양에 조금 가까워졌음 때문인지

첫키스 때처럼 몸 구석구석이 뜨거워지고
산소가 희박해졌기 때문인지 숨도
한참 들이마셨다가 그대로 멈추었다가 푹 내쉬곤 한다
카메라는 쉴 틈 없이 지표면을 향해 셔터를 눌러댄다
못된 카메라, 숲처럼 푸른 곳은 다 제쳐두고
붉은 사막지대 바닥이 드러난 호수 폐 염전
쓰레기 하치장 같은 것만 골라 찍어댄다

마지막 남은 달력 한 장이 뜯기자
우주선은 출발선으로 되돌아온다
그리곤 운행을 멈춘다
지표면을 촬영하던 조명도 사라진다
아무 일이 없었다는 듯
작은 우주여행은 원점으로 되돌아온다

우주선이 멈춘 자리
디킨슨*의 묘비명 '콜드 백**'의 열자 스펠링이 박히고
나는 개표 결과에 절대 승복하자며 성호를 긋는다

* 디킨슨 : 미국의 여류 시인
** 콜드 백Called Back : 부름을 받고 되돌아 간다

너는 몽롱한 시간 속이다

김영숙

전남 목포 출생
「한국문인」 시 부문 신인상 당선 등단
경기시인협회 회원, 새한국문인회 회원, 동남문학회 회장 역임
문파문학회 상임운영이사
수상 : 제8회 동남문학상
저서 : 시집 『문득 그립다』

01

봄

앙상하기만 했던 나뭇가지 위로
숨죽인 밤은 지나고
봄이 둥지를 틀고 있다

너는
포근한 바람타고 서서히 물이 올라
더 이상 가난한 가지는 사라지고
풍성한 잎들로 너를 감싸고
새빨간 입술 쭈욱 내밀며
봄을 유혹하고 있다

너는
몽롱한 시간 속이다

02

아메리카노

넌 그렇게 왔어
내 빈 마음에 찐한 향기 채우며

그래 그렇게 왔어

때론 박하사탕처럼 시원하게
때론 두 눈을 질끈 감아버리는 첫키스처럼

그래 넌 그랬어
내 맘을 어찌 잘 아는지
삭막하게 지나는 시간 속에
청량하게 나를 깨워주는 넌

아메리카노

03

바람이 데려온 가을

가을이 와서 바람이 부는 건지
바람이 가을을 데려온 건지
들녘에 바람이 넘실댄다
가을의 시작은 바람이다

바람이 불어
호박이 노랗게 익어가고
붉은 빛으로 물들어가는 홍시
황금 갑옷을 입은 벼이삭은 엄마의 품처럼
토실하게 채워지고

우린 그 품에서 바람 불어 쓸쓸한 날
따뜻한 온기와 여유와 겸손과 감동을 맛보며
조금씩 조금씩 배를 채울 것이다

바람이 데려온 가을이 오면

04 흐르는 것과 차오르는 것

하루가
흐르고 있다
직접 만질 수는 없지만 시간이 흐르고
개천에 고인 물도 흐르고 우뚝 서 있는 저 나무도
세월 속에서 조금씩 조금씩 흐르고 있다

하루가
차오르고 있다
발바닥부터 아니 새끼발가락부터
서서히 차오르는 거다
발바닥부터 힘이 생겨 걷고 뛰고
손을 흔들며 가슴 벅차 소리 지르며
겉과 속이 차오르는 거다
그런 다음

어느 시점 종착역에서
다시 서서히 흘러내려가는 것이다
그러면서 서서히 비워 가는 거다
열정이 비워 가고 손에 힘이 비워 가고
몸에 수분도 말라가고 그리하여
서서히 가벼워지는 것이다
세월은
흐르고 있고 차오르고 있다
그대는 지금

05

외출 중

그녀가 문밖에서 서성이고 있다
지팡이 하나 오른손에 쥐고 무언가
찾고 있다
그녀는 지금 잠시 기억이 외출중이다

길을 걷다
나도 모르게 잠시 기억이 외출한 적이 있다
그와 동시에 전봇대와 마주해 원하지 않은
선물을 받고 난 돌아왔지만
지금 그녀는 나와 다른 좀 긴 외출을 하고 있다

아름다운 노년을 보내고 싶은 건 모두의 소망이다
나이를 먹음으로 해서 서서히 비워 가는 거
아름다운 일인데 기억도 자꾸 내 몸에서
빠져나가 춤을 추니 늙은 것도 서러운데
더없이 서글퍼진다며 누군가가
또 말을 한다

우린 세월을 먹는다

박선금

「문파문학」 시 부문 신인상 당선 등단
한국문인협회 회원, 국제 펜클럽 한국본부 회원
한국 가톨릭 문인회 회원, 고양문학 회원, 일산 파주신문 편집위원
일요신문 자문위원, 동화 구연가
시 낭송가, 호수문학회 회장 역임
수상 : 제2회 호수 문학상
저서 : 시집 『살아있다』

01

꽃 3

그
봉우리의 속마음
알아차리고
며칠 전
화원에서 들고 와
속삭였다
보여줄 것이지
네 속살

내숭내숭 떨다
결국엔
하얀 속치마
맨 마지막엔 분홍 속옷
벗고 있다

02

우산과 양산

비
오는 날
우산 없이 걸으면
초라하고 가난한
마
음
이
다

햇
볕
쨍쨍
내리쬐는 날
양산을 들었다 하여
부자가 된 것처럼
부티 나는 것도
아
니
다
조금은
우산 써도 빗물은 튀어오고
양산 써도 햇볕은 들어온다

03
낙엽 2

몸부림치며
낙하하고 있다
나는
벤치에 앉아 낭만이라 했다

아플 텐데
많이 아플 텐데
그래도
너의 육신
꽁꽁 염을 해서
수위로 하얀 비닐에
햇빛 잘 드는 곳
누군가
뉘어 놓았다

04
고목

저물지도 않은 가을 속
붉은 속옷만 걸치고 있다
바람 한 점 잘못 맞으면 마지막 옷 벗겨지겠다

일출보다 석양이 더 붉고 고울 수 있듯
젊은 연인들 빠르게 산책하는 것보다
노부부 두 손 꼭 잡고 들국화 길 산책하는 모습 곱다
손녀 뛰어 노는 모습 바라보는 주름진 조부모가 깊은 삶 같다

우린 세월을 먹는다
세월 가는 것이 아쉽기는 하나
오는 세월 거부하고 싶지도 않다

05

내 거울

거울을 본다
아침저녁, 양치질할 때도
틈만 나면 립스틱 바르며 그러나
내 얼굴이 어떻게 생겼는지 기억나지 않는다
내가 걸친 옷은 보이는데
자주 보았던 얼굴 기억할 수 없다
거울은 내가 웃으면 웃었을 것이고
화내면 화냈을 텐데
타인 얼굴과 뒷모습은 잘 보이는데
정작 내 얼굴 보이지 않고
평생, 얼굴 일부분만 보며 살고 있다

반짝이는 것들에게 말을 건넨다

박서양

서울 출생
가톨릭대학교 국어국문학과 졸업
「문파문학」 시 부문 신인상 당선 등단
호수문학회 회장 역임, 문파문학회 운영이사
저서 : 시집 「리허설」

01

임종

청록바람황금햇살
폭우처럼쏟아져내리는
잔인하게쾌청한하루

아롱아롱눈물방울젖어가는눈속
찬란한기적을꿈꾸다
파르르르
간절한희망내려놓은
한사람

욕심따윈툴툴털어버리고살았더라면
사랑가득열정만활활태우며살았더라면
가슴뛰는추억하나만더만들어놓았더라면
후회없을생

검은모자푸욱눌러쓰고
뚜벅뚜벅다가오는
격정의순간

흐릿흐릿아득해지는머릿속
붉디붉은심장속으로
까맣게타들어간두글자
생명!!

02

풍경 A

남해 여행 마지막 코스
통영 앞바다 한가운데 등짐 풀어 내던지고
떠나왔던 곳으로 돌아가는 길

부슬부슬 부슬거리다
휘적이며 휘감기는 청승비 내린다

달리는 고속도로 창 너머엔
고무판화로 찍어낸 듯 철새 세 마리
죽을 힘 다해 퍼득대며 하강하려다
머언 여로 감지한 듯 황급히 방향을 튼다

붉게 타오르다 어둠 내리면
굳게 입 다문 검은산의 침묵
나락으로 떨어지려던 고장난 육신
반짝이는 것들에게 말을 건넨다

꿀꺽 삼켜버려도 다시 넘어 올라오는
생경한 하루
살꺼니?
살아 낼꺼니?

03

풍경 B

공복으로 한 시간 프리웨이 달려 도착한
태평양 라구나 비치
동전 몇 개로 길거리 파킹
태평양 바다 시야 가득 담을 수 있는
넓은 유리 창가 뷔페식당 아침식사

하이얀 식탁보
하이얀 접시 위에 붉게 노랗게 초록빛으로
식욕을 담는다
마음껏 담고 비우면 다시 채워지는 요술접시
마셔버리면 끊임없이 부어내는 진한 향

원두커피
우물우물 꿀꺽꿀꺽
목 뒤로 힘차게 넘어가는 삶의 에너지

까르륵 까르륵
옆 테이블엔 생기발랄 젊은 남녀들
우아하하하하
테이블 뒤쪽 은빛머리 해맑은 노인들
마른하늘 폭죽 터뜨리듯 웃음보 터지는데

이래도 꼭 죽고만 싶니?
검은 테 두른 그 마음
한방에
날려버리렴

04

유혹

그 해 가을 산 속 깊은 곳 E.S 콘도
밤새 서걱대는 낙엽 등쌀에 까마득히 밀려나간 일상
닭 우는 소리가 흰 새벽을 흔들었다

대롱대롱 위태롭게 솔방울 매단 소나무 한 그루
어둑한 실내를 기웃거리던 넓은 창가
천지 사방 짙은 안개에 갇혀 있어
가부좌 틀고 앉았을 붉은 산 절경
두 눈에 담을 수 없었다

수직으로 튀어 올라 천장 위를 떠다니던
'모차르트 콘서트 론도 A장조 k 386'*의 선율
투터운 숄 휘감고 베란다로 향할 때 등 뒤로 따라붙던
주술 같은 멜로디 그리고
은은하고 결 고운 나무 탁자 위

한 잔의 커피

검은 유혹** 핏줄 타고 전신에 번져나갈 때
청아하게 귓전 맴돌았던 해맑은 웃음소리

---

* 모차르트 콘서트 론도 A장조 k 386 : 우울증 치료에 탁월한 효과가 있는 음악
** 검은 유혹 : 커피의 색다른 표현 인용하였음

05

허기

새로 산 검정 고무신 닳을새라
가슴에 품어안고 맨발로 다녔다던
여덟 살 총기 넘치던 사내 아이
여든 해 긴긴 세월 훌쩍 넘기고
위태롭게 휘청거리는 하루하루

패기만만 열정으로 타오르다
풍요로운 수확으로 출렁거리다
과거사 뒷편으로 맥없이 밀려난 당신의
초점 잃은 눈망울
파릇하던 청춘인들

서슬 푸르던 욕망인들
세월 앞에 장사 없다고
와르르르 무너져 내리는데

한 켤레 검정 고무신에 목 메던 시절처럼
야금야금 물없이 넘기는
앙금빵 반쪽에
당신 목이 메이고
하루 종일 배고파 배고파
밥 달라는 애원에
저미는 듯 징하게
내 심장이 울고 있다

구름 몇 점 하늘에 띄워놓고

정인선

강원도 삼척 출생
「문파문학」 시 부문 신인상 당선 등단
창시문학회 회원, 한국문인협회 회원, 문파문학회 고문
사진작가, 호스피스 자원봉사자
수상 : 창시 문학상
저서 : 시집 『거기』 외 1권

01

바람의 궤적

눈 덮인 담장을 넘어온 싱가푸라
대문을 뛰쳐나간 몰티즈
우연은 아닌
필연일 수밖에 없는
남아있는 자국들이다
부딪히듯 걷다 보면
깊은 기억 속에서 달그락거리는 소리
미등 하나 깜빡이는 골목
별이 초롱초롱한 베란다
뱃고동 여운까지
말끔히 지워버리는 바다
나는 알고 있지
나뭇잎이
돌담을 따라 소복이 쌓여 있는 것은
바람이 지나갔다는 것
지워도 어딘가는
가닥 한 올쯤은
흔적으로 있다는 것을
새싹 돋은 나뭇가지에 아직껏 붙어 있는
지난 가을을 끌고 온 마른잎 하나
겨울까지 말끔히 지우고 난 자리에도
기억으로 남았는가
팔랑거린다

02

눈 오는 날

사락사락 눈 오는 날이면
숲속의 찻집을 찾아가
창을 마주하고 앉을 일이다

빗살문양 토기를 빚어대는 토기장이
걸어온 길 깨끗이 지워주는
어머니의 손길도 만날 수 있다

솔향기 가득한 차향은 아껴두고
공짜 뻥튀기를 아삭아삭 씹는 일
기다림까지도
눈길에 늦을 거라는 위안이 되는 일이다

눈 오는 날이면
숲속의 찻집으로 찾아와
눈발 묻은 문턱을 넘어볼 일이다

타닥타닥 참나무 장작불이 익어가는
난로를 등지고
장독대에 쌓여가는 설산을 바라볼 일이다

선명하던 발자국

스멀스멀 무너질 때까지
창밖을 지켜볼 일이다

자박자박 발소리 기다려 볼 일이다

03

우연히

저녁이 순천만을 찾아왔다
아침보다 더 아름답다는 순천만
구름 몇 점 하늘에 띄워 놓고 너풀거린다
갯벌의 기막힌 이야기 들어보려
가파른 전망대로 오르는 길
풀석, 발 앞으로 집 한 채 굴러온다
알의 껍데기 몇 조각과 깃털 한 점
유산으로 남겨진 빈집이다
분명 해를 따라 남녘 어느 하늘을 날고 있을
개개비가 주고 간 집이다
벌써 잊혀진 집이 되었겠다
빈집 얻어들고 올라선 전망대
시골길 끝자락 초가집에 살던
지금은 비어있는
그네의 동그란 오두막집
순천만과 그네가 붉디붉게 하나다

04

한결같이 – 우산 고쳐 드립니다 : 공짜

반역의 공간은 넓지 않다
늙은이는 오늘도 역모를 위해
지하철 계단 귀퉁이 구석에서
일념에 잠겨 있다
모순의 정체를 파헤쳐 보고 싶은 거다
반 평 남짓 공터에서
매일 같이 날을 세우고 있는 거다
우주의 법
'순자는 흥하고 역자는 망한다'는
그 법에 도전하고 있는 거다
반역을 창조라 우기면서
가름막 하나 없는 허방
스티롤 두 장 겹친 평상에 앉은
업둥이, 뭉텅한 손마디가 빠르게 움직인다
척추디스크 갈비뼈 골절 환자만의 전문 의원
수술만 끝나면 멀쩡하게 대기실에 앉았다가
이슬비 가랑비 억수까지도 기다렸다는 듯 뛰쳐나가
비를 따라 돌아들 갔다
싱긋 미소 한 점 텅 비어 있는 대기석에 걸어 두고
해 그름녘 절름절름 노인도 간다
온통 하루를 다 주고 인생을 모두 부어 놓고
벙긋벙긋 마른 손이 걸어간다

저녁 노을까지 들쳐 업고
한 끼 컵라면이 훙얼훙얼 걸어간다
익을 대로 익은 길을 첨벙첨벙 간다

05

휘파람

바다 노인은 바다를 잘 안다
까칠한 날만 빼고 하루도 빠짐없이
바다로 나가, 길을 더듬는 일 따위는 없다
걸음마 이후부터 일흔 해를
호적을 바다로 옮겨두었다
바다는 내일의 일을 하늘에 적어두므로
어깨 너머로 배운 눈치가 고수다

바다가 고향인 아내를 위해
뱃전에 앉아 기다린다
귀를 쫑긋 세우고
포수의 사인을 투수가 읽어내듯
휘파람 소리만 들어도 기분을 알아차리는 노인
저물기 전 아내를 만나야 하는데
사인이 오지 않는다
뒷목덜미가 뻣뻣하다

목안이 깔깔하다

일흔 해 만큼의 긴 기다림
멀리서 사인이 왔다
휘파람이 파도에 실려 떠밀려온다
바닷길을 잘 아는 바다 노인은
그 날 밤, 잘 안다는 바다를 등지고
휘파람을 안고 돌아왔다
사방이 캄캄한 어두운 길을
난생 처음 뚜벅뚜벅 걸어왔다

봄바람 닮은 그리움일어

봄 앓이

틈

가을 애

겨울, 그 지루함에 대하여

기다리면 올까?

전옥수

부산 출생
「문파문학」 시 부문 신인상 당선 등단
동남 문학회 회원, 문파문학회 총무
저서 : 공저 『하늘 닮은 눈빛 속을 걷다』 외 다수

01

봄 앓이

꽃상여 앞에서
주먹만한 사과 하나 입에 물고
울음을 먹고 있던
꽃 움트기 전
그 봄

소리 내지 못한 설움
둥지 틀어 앉은
긴 겨울 끄트머리
상여에 매달린
꽃잎들의 노래가
촉촉이 내려 대지를 적신다

꽃 그림 그려진 그릇 닦다가
봄바람 닮은 그리움 일어
앙상한 어깨 흔든다
행주치마에 수놓인 꽃잎이 붉다

02

틈

허리 춤까지 자란
붉은 벽돌담에
비스듬히 금이 내려간다
아래쪽으로 옮겨 갈수록
틈새의 간격은 더 벌어져
비껴가던 한숨소리
벌어진 틈으로
아득한 공허 일으켜 세운다
한낮의 적막 가득 실은
25번 마을버스 한 대
둔탁한 네 바퀴에
차곡차곡 쌓인 시간의 흔적 휘감고
휑하니 사라져 버리던
어느 무거운 오후

03

가을 애愛

며칠째
돌돌돌 밀려드는 그리움 하나
제 역할 감당 않고

여기저기 콕콕 찔러대고 있다
날카로운 칼끝으로 긁어내고
지우개로 지우고 지워도
눌러진 자리에 또렷이 남은 선홍색 자욱들
포르르 떨어지는 눈물 한 잎
발끝에서 깊숙이 전해오는 그리움 따라
힘껏 달려가 포옹한다
오렌지빛 물결에 녹아진 가슴이
가을바다가 된다

04

겨울, 그 지루함에 대하여

구멍 난 양말 뒤꿈치에 덧대인 천 조각처럼
눈칫밥에 얼룩진 자존심이
천덕꾸러기가 되어 구석에 쌓여 있다
칼바람 대동한 반갑잖은 손님
움추린 어깨 위에 걸터 앉아 궁색함을 더한다
이글루 속 세상
나무를 떠난 꽃과 열매의 요동 없는 고요가
지루에 꼬리를 달고
개나리 빛 기상캐스터의 반복되는 일기예보도
오랜 지루함이다

다운 점퍼 속에 갇혀 있던 고독한 사색 한 자락
언 대지 두드리며
밤새 소리 없는 눈물로 저항한다
겨울, 그 지루함에 대하여

05 기다리면 올까?

거창군 귀천면 남산리 165번지
버스 정류장 부스 안
겨울 나무 두 그루 쪼그리고 앉아 있다
도무지 버스는 안 오고
기미 없는 무채색 기다림은
길게 내뱉는 한숨 끝에 매달려 기억의 숲 이룬다
투명 유리 뚫고
들어온 초록 햇살 서너 가닥
풀기 없이 굽어진 등허리 빙글빙글 비껴가며
비스듬히 기댄 지팡이 자루만 번뜩번뜩 유혹한다
기다리면 올까?
부스 안에 가득한 오후는
억척스런 가래질에 파리해져 간
발자욱들 하나 둘 지우고 있다

달콤한 속삭임 고개 흔들며

김경명

전남 여수 출생
「문파문학」 시 부문 신인상 당선 등단
한국문인협회 회원, 문파문인협회 회원, 창시문학회 회원
저서 : 공저 『성큼 다가서는 바람의 붓끝은』 외 다수

01

햇살

서대문 형무소 캄캄한 독방
청개미가 하늘 눈빛 찾아
가느다랗게 길을 뚫었다

환하게 내리긋는 한줄기 하얀 선線

어둠 속에 뒹굴던 미물
새까맣게 발가벗었다

짤록한 허리 뒤척이며
좁은 길로 들어선다

쏟아져 내리는 하얀 빛
따스한 솜이불
포근하고 눈부시다

02

아버지 뱃사공

기다란 막대 하나 들고
강바닥을 쿡쿡 쑤신다

삐지직 스르르 밀리는 나룻배

뱃머리에 앉은 귀여운 강아지
묵직한 책가방 무게를
슬그머니 등으로 옮긴다

고마운 미소 꽃 피우는데
저 편 부두에서 통학버스
부르릉대며 손짓한다

서두르는 고무신
걷어올리는 바짓가랑이
이마에 영그는 보랏빛 포도송이

막대 끝으로 부두에 닿는 배
팔딱 뛰어간다
버스 위에서 손을 흔든다

저 책가방이 다시 올 때까지
나는 온종일 노를 저어야 한다
뱃사공 아버지의 지난 날처럼

03

유혹

별빛 총총히 물든 새벽
이끼 낀 바위가 기지개 켠다
도시락 두 개 싸 들고
이슬 젖은 도서관길 오른다

금이 나올까 쌀이 있을까
책장 넘기는 손끝에서 뱀이 꿈틀거린다
달콤한 속삭임 고개 흔들며
금빛 햇살 자근자근 저녁노을 마신다

달빛 흐르는 오솔길
흘러내리는 이브의 입술
나부끼는 깃발에 승리의 휘파람
빈 도시락에 덜컹거리는 젓가락 소리

발걸음 시원하다
어제도 오늘도

04

간월도看月島

소나무 숲 사이 구름이 흐른다
고려의 달빛이 바다를 적신다

무학대사 깨우침의 향기인 양
물결이 은은하게 밀려온다
가슴까지 차오르는 파도
바위섬에 생명이 스며든다

어스름이 깊으면 달빛 오고
밤이 깨어지면 새벽이라는데
오늘 저녁 내가 으스러지면
내일은 간월암*에 꽃이 피려나

---

* 간월암 : 서해바다에 비친 달을 보고 무학대사가 득도했다는 서산 간월도看月岩

05

은행나무

바라만 보았는데
바람소리 스치더니

네 씨앗이 내 몸에서
잉태하고 있었다

긴 긴 밤
몸이 흠뻑 젖은 뒤에야
이심전심以心傳心
마음의 내통을 알았다

못난 사랑
바보 같은 사랑
뜨겁게 움이 트면
꽃피워 열매 맺으리라

산수유 꽃살 같은 날개는

박경옥

전북 군산 출생
「문파문학」 수필 부문 신인상 당선 등단
독서논술 교사, 문파문인협회 회원, 경기시인협회 회원
수상 : 제9회 동남 문학상
제 9회 동서 문학상 시, 수필 부문 입상
저서 : 공저 『하늘 닮은 눈빛 속을 걷다』 외 다수

01

꽃의 기억 – 나비를 기다리는

물방울 같은 당신의 눈이
너무 멀어 하염없이 서성여요

구불구불 말아 올린 긴 입술 사이로
은밀하게 내뱉던 사랑의 언약들
아직 귓가에 맴도는데

산수유 꽃살 같은 날개는
언제쯤 내 가슴에 닿을까요

자목련 화르르 피었다 지듯
기다림도 달처럼 떴다가 져요

봄빛 속에서
내 어깨 어루만지던 당신의 안부가
궁금해 오늘도 나는
휘파람 같은 꽃가루만 날립니다

02

이별, 그 후

지난밤 보슬비가 다녀간
마당 한쪽 텃밭은
상추 부추 시금치가
푸르게 차올라도
이 집, 아직 봄이 멀었다

마루 끝에 밀쳐 놓은 소반에선
묵은지 한 종지에 먹다만 소주병
추위에 떨고 있다

저만치
아지랑이 핀 밭둑에서
냉이 달래 돌미나리 한 바구니 캐어
구부러진 허리로 걸어올 것 같은
어디에도 이젠 없는 그녀

쪼글쪼글 주름진 입가에 핀
봄꽃 같은 그 웃음
아직 지우지 못해 소주만 삼키고
울타리 옆 감나무 꽃잎 지는 소리

오월의 볕살이 길게 누운

장독대 항아리에
민들레 홀씨 같은 흰꽃이 피었다

팔순이 넘어 혼자 된다는 것
검버섯 같은 술병만 쌓이고
뒷산 뻐꾸기처럼 누군가를 부르고
하루가 너무나 멀고

03 녹차라떼

밤늦은 시간
찻집에서 앉아 무심코
녹차라떼를 주문한다

손바닥보다 작은 녹색의 정원 위로
하얀 이팝나무 꽃잎이 수북하다

밤새 쓴 편지가 쌓여 꽃잎이 되었을
부끄러운 사춘기 고백 같은 하트가 뜨고
여린 잎에서 피어나는 연두의 향기에 취해
살금살금 그만 그 사랑 마셔 버렸다

풀밭 위의 달콤한 유혹에 넘어간 그 날
열어 놓은 창으로 새 한 마리 날아들었다
불면의 새
꿈을 꿀 수 없는 새
함께 감옥에 갇혀 버렸다

04

안개

꽃잎 위에 내린 물방울이 간지러워
이른 새벽 맨발로 걷는다
더듬이 같은 날개 가만히 접고
바람소리 따라가면
어느새 목젖을 울리는 새들의 노래
연둣빛 열다섯 소녀 가슴에 사는
하얀 솜털이 올라오는 길
새벽이 그만 사르르 녹아버렸다
나 오늘 너에게 잠기고 싶다

맨발이다
맨몸이다
축축하다

05

그림자

흰 두루미 한 마리
외발로 서서
제 그림자 들여다보고 있다

갈대숲을 지나온 바람을 타고
물안개 길게 날고 있는 오후
문득
강물에 비친 얼굴이 낯설다

철렁
가슴으로 떨어지는 물소리
두드림 점점 더 커지는데
후끈 달아오른 이마 어느새
서늘해졌다

그래
몸은 지나가는 거야
꽃일 때도 있고
그늘을 만드는 잎일 때도 있어
버릴 줄도 알아야 얻을 수도 있는 것

완경完經은 시작이라고

깃털처럼 가볍게 날아보라고
맞이하고 또 맞이하라고

봄 햇살, 뜰 앞에 찾아오면

양숙영

경기 수원 출생
「문파문학」 시 부문 신인상 수상 등단
문파문학회 운영이사, 한국문인협회 회원
고양문인협회 회원, 호수문학회 회원
저서 : 공저 『바람이 만지작거리는 나뭇잎』 외 다수

01

청보리밭

사월이면
연둣빛 곱게 물들이고
실바람에도 물결 짓는
청보리밭
가던 길 잠시 멈추고
끝자락 보이지 않는 싱그러움에
시선을 보낸다

겨울 땅속부터 차오르는 서릿발을
부둥켜안고
잎이 마르도록 안간힘 다해
버티어 낸 연한 듯 강인한 줄기
봉긋이 씨앗을 잉태하고
바람에 순응하는 빛으로
태양을 맞는
청보리 결 고운 얼굴

02

실종

허공을 응시한 눈빛은
한참 멍하니 머언 길 떠나 가다가
되돌아오곤 했다
어디쯤 가다가 되돌아온 것인지
그의 머릿속은 온통
바다 건너 실종된 시간
두툼한 이끼를 걸쳐 입은 세월이
가출의 늪을 방황한다

거품 문 머릿속이 윙 윙 소리를 내고
절벽 아래 흐르는 물결
번득이는 물비늘이 착시였는지
그는 파도가 바다였다는 것만 기억한다

03

목숨

유리벽을 사이에 둔
동그란 두 눈이
멀리 심해를 갈망하는
눈물로 가득하다

유유히 헤엄쳐 다니던 날도
폭풍 몰아치는 파도에
정신없이 떠밀린 때도
모두 지난 그리움에 묻히고
잘못도 없는 사형수가 되어
유리 수조 밑바닥에
납작 엎드려 꼼짝달싹 않고 있다

횟집 칼잡이는 번뜩이는 칼을 들어
목숨을 끊어내고
줄지어 시신의 살점을 도려내어
큰 접시 위에 가지런히 내어 놓으며
낯선 이들은 모여들어 왁자지껄 웃어 제치고
횟집 주인 입가의 미소는
연방 주머니 속을 들락거린다

누가 누구에게
단 하나 목숨을 내어준 것인지

04

12월

그간의 두께를 벗어 던지고
며칠만 더 숨을 쉬면
한 해를 넘긴다
두툼한 날들이 마주앉아
웃음이다가 울음이다가
줄줄이 땅바닥을 훑고 지나가는 햇볕도
등에 덤으로 짊어지고
동지섣달 한걸음에 뛰어 달린다
쩌억 쩌억 갈라진 빙판 위
쌩하니 지나는 소리
영겁을 넘어드는 한 찰나

05

배꼽

봄 햇살 뜰 앞에 찾아오면
뒷동산 과수원에
흐드러지게 하얀 배꽃 흩날리고
화사한 꽃잎자리
빠끔히 배꼽을 내보이고 있다

정말 그 배꼽을 끔찍이도 사랑했다
진한 사랑은
저마다 꼭 닮은 배꼽 하나씩 달고
볼록한 알맹이가 또 하나의 알맹이를 품고
전설처럼 전생의 연을 동여맨 채
배꼽의 끈을 모아 잡고 있다

이 허탈함은 안도인가 아쉬움인가

어떤 떨림

회심

점

하루, 바람에 스치듯 지나간

황야

탁현미

서울 출생
「문파문학」 시 부문 신인상 당선 등단
시계문학회 회장 역임, 문파문학회 상임운영이사
저서 : 공저 『너의 모양 그대로 꽃 피어라』 외 다수

01

어떤 떨림

세 알의 약이 손바닥 위에서 떨고 있다 가만히 응시하다 입안으로 밀어 넣는다

언제부턴가 그 요일이 되면 세 알의 약을 넘기고 바빠진다 빨래를 하고 열무를 다듬고 씻고 절이고 냉장고 청소를 하면서 눈은 벽시계를 흘금거리고 두 귀는 활짝 열린 채 허둥댄다 그 시간이다 무언의 전화가 울리고 자동차가 멎고 타박타박 발소리가 들리고 정적, 멀어지는 소리 소리들이 알 수 없는 떨림은 불안인가 떨림인가

오늘도 세 알의 약을 먹고 일거리를 찾아 두리번거린다 책장 위의 책들을 꺼내 먼지를 털고 걸레질을 하며 정리하다 주저앉아 옛 앨범을 뒤적인다 알몸으로 울고 있는 사진 밑에 'my son'이란 글이 적혀 있다 조금씩 커가며 웃고 있는 아이들 갑자기 벽시계 뻐꾸기가 그 시간을 알린다 숨이 멎는다

시 공간이 멈췄다 고요하다 그 어떤 소리도 들리지 않는다 가슴이 뛴다 떨림이 서서히 멎는다 이 허탈함은 안도인가 아쉬움인가

02

회심

어느 바람 불던 날 밤 당신은
꽃구름 속으로
쓸쓸한 등
보이며 떠나셨습니다

또 바람이 불고 또다시 불어도
춘설 같은 꽃잎이 날리고 또 날려도
당신의 모습
찾을 수 없었습니다

오늘도 바람이 불고 있습니다
꽃비 맞으며 서성일 때
당신은 말씀하셨습니다
'나는 언제나 네 곁에 있었다
너의 회심을 기다렸을 뿐'

03

점

한없이
넓고

푸르기만 한
공허한 공간에
흰 점 서너 개 찍다
하늘이 되다

04 하루, 바람에 스치듯 지나간

바람에 이끌려 들어간
작은 천막 성당
아들 가슴에 묻은 여인
폭 넓은 목소리로 노래한다
사랑은 오래 참는 것이라고

길모퉁이 잡목 속
가녀린 고양이 울음소리
낚시줄에 묶인 다리 핥고 있는 어미
까칠한 털로 떨고 있는 새끼 두 마리
젊은 아낙네 먹이를 주고 있다
악과 선이 공존하는 세상

노란 은행잎이 흩날리는 산책로
휠체어 위의 작은 백발의 할머니

어깨를 다독이며 밀고 가는 등굽은 할아버지
황혼 속으로 점점 멀어져 간다

05

황야

그곳엔 언제나
거센 바람이 불었다
모래와 흙먼지가 날고
못보다도 더 뾰족한
칼보다도 더 날카로운
아우성들이 난무하는 곳
오늘도
넓은 TV 화면에 바람이 분다

바람에 살랑대는 아지랑이

허정예

강원도 홍천 출생
「문파문학」 시 부문 신인상 당선 등단
문파문인협회 회원, 동남문학회 회원
저서 : 공저『시간 속을 걸어가는 사람들』 외 다수

01

어머니 – 백세를 맞으신 어머니

검불 같은 울 엄마
백 년의 시련에 피고 지는 꽃을
매만지며 일념으로 살았다

소 돼지 길러 논밭 일구고
가난한 집의 종부로 한 집안을
일으킨 어머니

화목의 향기 날리며
백 년 동안 피던 꽃은 이젠 시들어
여덟 마디마디 가슴에
아픈 가시로 박혀 있다

삭정이 같은 빈 가슴엔
아직도 채우려는 사랑 숨어들고
지금은 삐뚤어진 몸으로
빈 전화만 기다리는 슬픈 눈동자

마지막 심지에 붙은 불꽃 같은
언제나 가슴에서 지울 수 없는
주름 가득한 어머니 얼굴
오늘 더욱 그립다

02

노송

화엄사 입구
등 굽은 늙은 나무 숲 속에 서 있다
검버섯 덕지덕지 엉겨 붙어
세월의 깊이가 뼛속 깊이 묻혀 있다

몇 백 년
비바람 눈보라 헤쳐온
늙은 소나무
허리마저 움푹 구멍이 났다

가만히 들여다본다
안아도 보고
등에 기대어 보기도 한다
삶의 잔재로 까맣게 탄 뱃속
인고의 세월이 웅크리고 있다

가슴 한쪽에 눈물
한 방울 툭 떨어진다

마지막 기력을 다해
가지마다 푸른 잎 피우려고
생명줄 잡고 피돌기 줄 타는

늙은 소나무
"어머니"하고
나직이 불러본다

03 새싹

들판을 깨우는 실바람에
푸른 잎 뾰족이 내밀고
세상을 본다

바람에 살랑대는 아지랑이
산허리 내려앉고

햇살 당겨
개나리 벚꽃 몽울지고
봄 하늘 나리는 나비 떼

푸른 녹음 뻗어갈 가지들
근육운동
체조하고 있다

04

겨울과 봄 사이

빈 가지만 끌어안는 손돌바람*
혹한의 추위에
생명의 물줄기
땅 뿌리로 가득히 몰아안고
겨울잠을 잔다

생존의 방법은 너무나 완벽해
가끔은 속삭이듯 들리는
생명의 숨소리
세상의 괴고를 다 털어버리고
깊은 수면 들었을 너희들
행복한 꿈꾸어라

머지않아
눈 녹아 스며드는 생명수
함박 마시고
봄의 화신으로 깨어날
꽃나무들이여

봄 햇살에 수줍게 볼 부빌
실개천 버들소녀
생각만 해도

한겨울 웅크리고 있던
우울증이 봄꽃으로 피어난다

---

* 손돌바람孫乭風 : 동절기에 속하는 음력 10월 20일을 전후해 서 부는 바람

05

새해, 새날

발길을 휘감던 눈발도 멈추고
화살이 제비처럼 날던 연무대*
눈꽃으로 새하얗다

세월이 쌓일수록 깊어지는 城
역사의 또 한 장을 넘기며
새 시대 열어갈 출발을 한다

대통합의 울림의 호소
마음 가득히 가슴에 젖어
팔도에 화목 꽃피리라

동서남북 오가는 참새 떼들
창생의 눈, 귀 열어주고

새해, 새 날
붉은 해 떠오르는 연무대에서
작은 소망 큰 소망
함께하는 이 아침

봄이 오면
온갖 꽃나무에 필 행복의 꽃망울
온 누리에 활짝 피어나리라

---

* 연무대: 수원 화성의 동쪽 동북공심돈과 동암문 사이에 있는 조선시대 장수가 군사를 지휘하던 곳

그 요만큼 나는 좋다

바람의 손

수종사 오르는 길

요만큼

민들레 1

풍경

김옥자

경기 파주 출생
「문파문학」 시 부문 신인상 당선 등단
한국문인협회 회원, 문파문학회 운영이사, 신시문학회 부회장
저서 : 시집 『가급적이면, 좋은』

01 바람의 손

서늘히 걸어 놓은 초승달 아래
거칠게 다듬어진 바람의 조각조각들로
동백나무 숲에서
집 짓는다
너슬너슬한 풀섶마다
둥지 틀고 앉은 바람의 흔적들이
바지랑대 높이 널려진 날이면
절벽마다
생채기 놓고 간
파도소리, 뱃고동소리
시퍼렇게 뿔 세우고
수평선 너머로 달려가며
제 가슴 헤집는
바람의 손

02 수종사 오르는 길

두물머리에서 퍼 올린 안개 밟으며
산길 오르는데
가파르고 쉴 곳도 마뜩찮아

힘에 부치더니
턱까지 쫓아온 숨
나, 밀고 당기네
굵은 돌 몇몇 내 몸에 매달리고
마사토 발바닥에서 미끄럼 타며
집요하게 따라 붙는다
젖은 모퉁이 돌고 도는 동안
스스로 선택했을 일
거듭, 채근하는데
간간히 껴입는 바람 한줄기
지친 영혼과 살 깨우고
밟고 있던 안개
재빠르게 날아가며 휘바람 불러주네
앞선 누군가
시의 문
활짝 열어 주고 있었네

03

요만큼

의 밥 먹고
요만큼의 돈이나 시간 벌었다 하면
참 욕심도 없다 하다가

이 세상 끝날 즈음
요만큼 쓰거나 가져간다 하면
어떻게 생각할까
어머니가 담아 주는 김치, 소소한 찬거리까지
조금씩 덜어내며 난 요만큼이면 되는데 하면
욕심이 그렇게 없어서 어떻게 사느냐 한다
요만큼이 어때서요 반문하듯 하지만
내 품에서 크게 벗어나지 않은
엄지 검지로 표현할 수 있는 수량이라 좋고
노력할 수 있는 분량이어서 부담 없다
적잖이 접혔다 펴지는 구김살
차곡차곡 쌓여 담백함으로 남아 있는
그 요만큼이 난 좋다
요만큼 하늘보다
이만큼의 빛 탐하지 않은 거실에 앉아
요만큼 커피 홀짝이고 있을 때
행복하다

04

민들레 1

대한 석탄 공사 장성광업소 앞 노천변
바람의 살 속 헤집다 굽이굽이 산 첩첩, 물 건너

먹구름 뚫고 온 민들레
사루비아, 강아지풀 사이 소복이 자리 잡고 앉아 있었지
그가 견디며 살아온 기억은
팍팍한 도심 속이거나
시멘트 바닥 어느 귀퉁이
금이 간 쪽문 열고 제몸 하나 비집고 들어앉았거나
가파른 언덕에 얹혀 있다가
먼지와 소음 홈빡 뒤집어쓰고 납작 엎드려
겨우겨우 제 뿌리 지탱했었지
바람에 휘둘리다 빗방울에 뒹굴다
이곳 정착지로 발 꽂은
세상살이 뒤엉켜 깨져 버린 꿈들 하나둘 주워 담아
막장의 깊은 터널 속으로 구겨 넣고
비탈진 곳 내리구르다 쌓였던 노독을
삼키지 못할 채탄가루에 섞어
콜록콜록 바튼 기침으로 쏟아내곤 했었지
사는 것이 모진 말보다 아프게 다가올 때
쓰디쓴 진액을 쏟아내었던
빗물에 씻겨진 자리마다 휘청거리는 잎 위로
물방울 초롱초롱
어깨 비비작대는 민들레들 보았지

05

풍경

보초를 서듯 애기부들 줄 갈대 일렬횡대로 서 있는 호수가
50여 년 어깨 겯으며 온 부부 사분사분 걷고 있다
구경꾼처럼 울을 친 나목들이 촘촘했던 간격 풀어
제 살점 털어 내고
눈 속으로 채색되어지는 바람의 날개 시간 돌리며
물살 개켰다 폈다 한다
저만큼의 뒤에서 언뜻언뜻
자동차의 속도는 어딘가로 향해 가고
석양은 미끄러지듯 수면 속으로 감청빛 풀며 잦아들고
풍경 속으로 스며드는 이내, 부부를 흡입하듯
야금야금 시간을 갉아 먹으며 젖어오고
평화로움, 그 애잔함에
울컥
눈물이 물꼬를 튼다

너와 나, 애틋한 그리움 오고 간다

전민숙

경기 출생
「문파문학」 시 부문 신인상 당선 등단
시계문학회 회원, 문파문학회 운영이사
저서 : 공저 『너의 모양 그대로 꽃 피어라』 외 다수

01

거리의 악사

늦은 밤
아코디언을 메고
조용히 연주를 한다
그의 흰 머리카락이
불빛에 반짝인다
열정은 그 안에서 고요하다
침침한 눈으로 움직임 없이
바람의 노래를 연주한다
파도소리 같은 그윽한 향기
겹겹이 쌓여있는 추억이 흔들린다
세월의 때가 떨어져 내려 나를 적신다
주름 속에 접힌
끝없는 삶의 편련들
아코디언처럼 접혀 있다

02

다리 – 이스탄불 보스 포루스 해협

아시아와 유럽을 잇는
보스 포루스 제1교 다리
투명한 물살 밑에 일렁이는

수많은 해파리 떼들의
군무가 현란하다
동서양이 서로 얼싸 안고 있다
유람선 선실에서
머리에 희잡을 쓴 그녀를 보며
향긋한 홍차를 마신다
나른한 향기 온몸으로 퍼져 취한 듯
푸른 강으로 흐른다
출렁이는 가슴속 저 깊은 곳
고통과 두려움의 숲을 지나
그 누군가를 기다리며
너와 나 애틋한 그리움들 오고 간다
너를 너머
그대에게 가는 길
영원히 멈추지 않으리

03

핏줄

쌕쌕 자고 있는 셋째 손자 녀석
내 품에서 곤히 잠을 잔다
넓직한 이마에
가느다란 머릿-결

하얀 피부
노오란 눈썹
땀이 송글송글 맺힌
복숭아빛 선한 미소
해맑은 눈동자 속에
생명의 숨결
먼-데 있는 할아버지를 쏘옥 닮았다
질긴 탯줄 위로
무한한 날들의
예쁜 발자국 소리
입맞춤의 잎새마다
포르르 돋아나는 연초록 잎새들
예쁜 싹을 올리고 있다
어쩜
귀도 저리 탐스러운지

04 덕수궁 돌담길

유관순 기념관 찾아가는 날 아침
촉촉한 가을비 내리는 덕수궁 돌담길
노-란 은행잎들
흔들거리며 떨어져 내리고 있다

세월은 흘러도 고즈넉한 품위로
흑백사진의 배경처럼 조용하더니
이 늦가을 아침
화려한 수채화로 활짝 펼쳤다
망국의 슬픈 역사의 맥박이 뛰고
그 날의 뜨거운 함성도
광화문연가 그 너머
황금빛 빛나는 잎새 뒤에서 흐른다
단아한 고궁의 정취
오소소 돋는 옛 추억
그와 마주 잡았던 따뜻한 온기가
아직도 내 가슴속
화석처럼 박혀
가을 낙엽 속에서
파닥거리는데

05

눈 속에 갇히다

산기슭
새하얀 산속 비밀의 정원 문 활짝 열어
속살을 수줍게 펼치고 있다
뽀얀 그리움

침묵의 몸짓으로
고요한 눈빛을 불러낸다
어머니의 조용한 미소
서로의 어깨를 기대고
반짝이는 별빛을 가만가만 뿌리고 있다
푸른 시절 우주 속에서
모든 것이 가능했던 기쁨 뒤에
사알짝 아프기도 했던 가슴
도란도란 접혀 있고
산줄기 속 짙은 운무 속에서
은빛의 향기
맑게 씻긴
우리 아가 고운 눈망울 같은

그 품에 안길까

비움

명화 속의 너

소낙비

들꽃

새해

자운
장정자

대구 출생
「문파문학」 시 부문 신인상 당선 등단
창시문학회 회원, 한국문인협회 회원, 문파문학회 운영이사
저서 : 시집 『해에게 물어보았다』

01

비움

눈 감으면 떠오르는 해맑은 얼굴
바다 같이 넓고 숲속 같이 고요한
그 품에 안길까

눈뜨면 지고 마는 모습
현란한 색色의 눈부심 때문일까
휘몰아치는 모래바람 때문인가
눈이 시려도
쉽사리 감겨지지 않는 눈꺼풀

얽힌 실오라기 같은 무명無明의 덩어리
어떻게 사를까 살라버릴까
밤이 새도록 합장하고서……

02

명화 속의 너

신나게
창공을 나는 새의 무리는
온종일 물밑만 내려다보는
수선화의 그리움을 어떻게 알까

수면을 긋고
고공을 비상하는
저 하늘새를
안쓰러워 하는 물그림자

저만치 멀어져 있는 행적에서
서로의 낯선 행복
자유는 날고
나르시스는 물 위를 노닌다

구름에 가리운 엷은 햇살
하얀 종이 위에
무지개 빛 붓놀림
눈이 부시다

03

소낙비

여름날
우르르 소나기 지나더니
나의 작은 웅덩이에
해맑은 하늘 열리고
면화 구름 하나

하얀 조각배
한가롭다

간간이
짓궂은 산들바람
물결 도려 놓은 눈가 주름
숲의 지저귐은
녹색의 나를 업고 간다

오늘 같이 숨 막히는 날
한 줄기 소낙비가
남겨 놓고 간
고개 숙인 물밑 하늘
거기, 잠시 얼굴 담그면
더위 가신 마음 한 조각
호젓이 노 저어 간다

여름날 소낙비는……

04

들꽃

눈이 부신 하늘 숙여
발 아래 눈 그으면
한 점, 투명한 삶
한들한들 키 낮은 들꽃

자유로운 미소로
다소곳이
바람에 안겨
꽃자리 편다

부르는 이 없어도
저마다 이름하고
어울어져 꽃구름 이는
화안한 들판

사람 사람아

꽃대 없는 허울놀이
힘겨웁거든
들꽃이 되라
들꽃이 되라

05

새해

하얀 눈꽃 내린다
추위에 떨고 있는 나무들
포근히 덮어 안아
신부의 다짐으로 봄을 잉태한다

오랜 산고, 두터운 산문 열고
무지개꿈 서두르는 구름아
바람마저 다독여
벗 삼아도 좋으리

흐르는 물은 물길 따르고
새잎 멱 감기는 바람의 춤사위
풋풋한 보리 내음
밝아오는 새해

밤새워 설빔 짓던
어머니 정성으로
한 땀 한 땀 수놓아
오실 날, 오시는 날

오색 구름은
품 속 아가의 색동 저고리

동자 스님의 자비로
앞섶 여민다

그때는 나도
一꽃

우경당又敬堂

임정남

경북 영주
「문파문학」 시 부문 신인상 당선 등단
한국문인협회 회원, 문파문학회 상임운영이사
문인협회 용인지부 회원, 시계 문학회 회장 역임
수상 : 제 2회 시계문학상
저서 : 시집 『낮달』

01

꽃 타령

앨범에 끼워 둔
흑백사진 한 장
장미꽃처럼 웃고 있다

온갖 화초가 가득한 화원에는
현란한 색깔에 이끌리어
숨어들어 온 꿀벌 한 마리
신나게 뛰어다닌다

세상은 꽃 천지
그때는 나도-꽃

거실 모퉁이 시들어 버린
꽃바구니
버리는 곳도 없고
버리기도 힘들다

'꽃을 사시오 꽃을 사'
꽃 타령도 해보지만
그리움 따라 그 시절이
그리워진다

02

깡보리밥 같은 웃음 흘리며

산 벚꽃 우수수 지던 산골
개구리 우는 소리에
밤잠도 설치던 날
산중 다랑이 논물 담은 뒤에 오는 기쁨
저만큼 감자 꽃 피는 언덕배기
옥수수 무럭무럭 자란다

맑고 깨끗한 물속
푸른 하늘 담고 있다
파피리 불며 논둑길 걸을 때
바람이 바쁘게 소리치며
오월 신부는
유월 잉태의 기쁨에
뱐시시
분홍 입술에 활짝 숨은 미소가 들켰다고

달리는 저 구름 보며
떨리는 손 흐르는 냇물
두 손 모아 움켜쥐고
찬물 들이켜며
물 내려간 저 몸 깊은 곳에서 올라온
형용하기 어려운 텅 빈 냉기

휴~~~

철없고 신나는 꿈처럼
덜덜 떨리는 꿈처럼
싱글벙글 날개 달린 꿈처럼
영원으로 이어지는 세상 속에서
그저 좋고 그냥 좋은 것

03 시월 장미

담장 밖 외줄기
붉디붉은 장미 꽃 한 송이
계절도 모르고 마음만 앞서서
빳빳하게 서리 맞은 꽃
마음속 보고픔은
푸른 하늘 옥가루 날리 듯하고
몸에 두른 가시는
아무에게도 허락지 않는
당신을 사랑하는 첫 마음으로
첫사랑처럼
심장이 뛰는 사랑으로
영원 영원히 같이 있다

04

겨울 산사

뽀드득 뽀드득
산사는 말없이 길손을 맞고
주렁주렁 매달린 고드름 사이로
스님의 독경소리
빈산을 울리고
푸른 달빛은
지붕 위로 떨어진다

잣나무 바람소리 우수수
꿈꾸다 놀란 학이 달아날 즈음
화롯가엔 차 달이는 김이 오르고
맑은 차 한 잔에 모든 시름 흘러간다

겨울 산사는
어제가 오늘이듯 오늘이 내일이듯
그저 그렇게
조용히 수행에 몰두하면
부처 아닌 자 어디 있던가?

산사에 불어 오는 바람
눈 속에 염주 알이 굴러 간다

05

겨울 나그네

누구의 소유인지도 모르면서
아름답고 깊게
세상의 모든 꿈을 그리는 화가
가볍게 떨어져 쌓이고
윙윙 소리 내면서
바람몰이로
나뭇가지에 구슬을 달고
빌딩도 짓는다
너의 희고 고운 얼굴로
자연이 택한 길을 묵묵히 걸어가면서
말수는 적고
말은 느리고
눈빛은 선하고
표정은 해맑은 새
작설雀舌이로다
솔바람 소리 흰 구름 파란 달
한 순갈 자연을 퍼 마시니
체할까?
한 모금 찻물이 道人이 된다

그게 내운명이다

김경아

전남 진도 출생
「문파문학」 시 부문 신인상 당선 등단
호수문학회 회원, 문파문인협회 회원, 한내글 모임 회원
저서 : 공저 『잠시만 멈추고 싶다』 외 다수

01

고사리

온 산을 헤집고
고사리 꺾던 때로 돌아왔다
여린 손은 금세 엄마 손이 되어
지네와 뱀도 두렵지 않을 만큼
가시덤불 같은 삶 내려놓는다

멧돼지가 나타날까 두려워
지나가는 뱀도 놀라지 않게
살금살금 산을 탄다
비탈진 산 목까지 타오르는
숨을 헐떡이며 천천히 오른다

햇살 맞으며
숲속에 살포시 솟아나온 고사리
옛 친구를 만난 것 같아
추억에 취해 버린 하루
돈을 주고도 살 수 없다

산 더덕, 취나물, 머위나물
오늘 저녁 밥상은
어느 고급 반찬이 부럽지 않을 것 같다
내려오는 길 홀로 피어있는
할미꽃을 그냥 두고 오려니 애처롭다

02

시골 인심

이곳에 기둥을 세울 땐
마을 전체가 내려다 보이고
넓은 들 마당 삼아
내 삶 가꿔 가리라 부풀었었지

동네 처녀총각
하나둘 서울로 떠나고
참새만 가끔 왔다가는
허수아비처럼 서 있는 집

거미가 집을 짓고
잡초로 무성해진 마당
몇 년이 지났던가!
밤하늘의 별들도 신비롭지 않던 어느 날

하나둘 뜨는 별처럼
제자리로 돌아오는 사람들
사람이 그리워서일까
도시에 찌들어서일까

인심 좋은 아저씨의 마당엔
모닥불이 피워지고

서로서로 연민의 정으로
삼겹살과 소주는 친구가 된다

03

위 내시경

가슴 어딘가 폭격 맞은 듯
방방곡곡에서 울어대는 꼬르륵 소리
바늘로 찌르는 듯한, 통증
입 안 가득
마취제를 마시라 하고 삼키지 마라 하니
입 꾹 다물고 살라는 말인지
도무지 삼키지도 뱉을 수도 없는 일
내 이럴 줄 알았다면
아예 내시경을 포기했을 일
코에 산소호흡기 붙여 주며
조금의 자극이 오더라도
움직이지 말라는 겁까지 주니
생사를 오가는 일
내 이럴 줄 뻔히 알면서도
어디가 아픈 걸 확인하고픈 마음

한동안 못 잔 잠

한 시간 자고 나니 십 년은 흐른 듯
현실은 알 수 없고 어리벙벙
남편은 옆에서 신문 보며
한심한 듯 바라보니 웃음밖에
변명이라도 있으면 좋으련만
아무 이상이 없다니 더 괴로운 일
가슴이 아픈 건
나만 아는 일
의사는 분명 식도를 따라 구석구석을
다 훑고 지나갔을 터
아픔이란 놈은
어디 숨었다가
내 안에서만 사는 건지
도무지 알 수가 없다

04

양손

일은 내가 더 많이 하고
무거운 짐도 내가 더 많이 들고
잠시도 쉬는 날이 없는데

반지는 네 손에 끼워주고

시계도 네 손에 채워주고
온갖 호사는 네가 다 누리니
너에 대한 불만 그칠 날 없다

한편에선
왼손잡이가 되어 보라고
왼손잡이의 입장은 다르다고
생각을 바꿔보라 말하지

서로를 시기하기보다
서로 맞잡아야 큰 짐 들어 올릴 수 있으니
그렇다고 서로를 외면할 수는 없는 일
그게 내 운명이다

05 아버지

고희가 되어서도
새벽 출근하시는 아버지
자식에게 짐이 될까
벙어리가 되어버린 심정

젊은 한때 술독에 빠져 지내시던 아버지

그토록 밉던 아버지가
지금은 다른 아버지들보다
몇 배 당당하시고 건강하시니
존경스럽고 죄송한 마음입니다

이제는 아버지 걱정보다
제자식 걱정이 먼저니
그래서, 자식도 필요 없다 하시는
이유를 이제 알 것 같습니다

아버지만 새벽에 일어나시지만
우리 오남매도 새벽에 깨어 있습니다
이제는 눈이 와도 즐겁기보다
아버지 걱정이 먼저입니다
죄송합니다. 아버지!!

천사의 품속처럼
꿈이 달콤했다

누더기

삶의 온도

이순애

충남 논산 출생
「문파문학」 시, 수필 부문 신인상 당선 등단
한국문인협회 회원, 문파문인협회 회원, 시계문학회 회원
방송대문학회 회원, 한비문학회 회원, 가톨릭문학회 회원
저서 : 공저 『그랬으면 좋겠네』 외 다수

01

누더기

단풍잎 질 무렵이면
어머니 장롱 속 누더기가 나온다
십오 년 입은 몸뻬 (바지)

본래의 천은 오간데 없고
빨랫줄에 너덜너덜 뒤집어 널 때
낯선 사람 만난 듯 밤새 자지러지던 강아지
날 새면 고개 숙인다

칭얼칭얼 막내딸의 잠투정
양털보다 더 포근하고 따뜻한 무릎에
얼굴을 묻으면
천사의 품속처럼 꿈이 달콤했다

이 계절
서리 맞고 고개 숙인
들국화처럼 애처롭고
바스러진 단풍잎 같은

누더기가 뒹굴고 있다
단풍이 지고 있다

02

삶의 온도

이른 아침
마주 앉은 식탁
따뜻하니 마셔라
물을 권한다

알맞은 온도
섭씨 39도
살아온 삶의
교집합이다

아들딸 삼남매의
솜털 같은 밀어
손자 다섯 남매의 재롱
교집합의 교집합이다

크고 작은 소리
어우러져 지나온
이른 아침의 하모니

속살 드러낸 소녀의 얼굴처럼

엄영란

경북 예천 출생
「문파문학」 시, 수필 부문 신인상 당선 등단
열림 어린이집 원장, 한국음악저작권협회 회원, 문파문학회 운영이사
시계문학회 회원, 창시문학회 회장, 문파문학회 부회장
작사 : 동요 『무지개마을』, 『나뭇잎』 외 다수
저서 : 공저 『성큼 다가서는 바람의 붓끝은』 외 다수

01

햇살 치유

와인색 쇼파 위
쉰내 나는 몸을 넌다

통유리 창 밖
윤기 찾는 솔잎들 거친 바람 내치는 오후
구긴 빨랫감 펴서 널 듯
쪼그라든 사지 위로 다림질하고 있다
햇살이

물살 할퀴고 간 시린 돌부리
中心
스며들고 있다
어머니 유액

꿈길이
윤슬로 반짝인다

02

석류

그저 딴딴하게 감은 검붉은 실뭉치 같다
속살 베일까 4등분 칼집을 내고
양손 살며시 감싸고 열면
가장자리 칼 끝에 베인 석류알
아픔만큼 피를 뱉는다
옹기종기 온몸 서로 잡고
속살 드러낸 소녀의 얼굴처럼
발갛게 달아 올라 맞닿은 손길 거부한다
핏빛 닦으며 루비같은 나신을 부려 놓고
한 알 입에 넣으면 새콤함이 징소리처럼 입술까지 울
린다
이빨에 대항하는 씨앗
혼일까
뼈일까
요 작고 투명한 핏물 속에 오직 하나
큰소리 외치며 부서지는 입안의 석류 핵
혼 잡고 뜨거운 입속 혀를 굳힌다

03

폐가

사랑채 쪽마루
곤방대 서너 개 엇갈려 연기 오르고
황토벽 머리
솜 덧저고리 주머니
무지개 사탕 손에 쥐어주던 할배

반들거리게 다져진 마당
초석자리 깔고
신랑 신부 꼬꼬재배
가장자리 암탉이 병아리 떼 데리고
장독대 둘레엔 채송화 봉숭아 키대로 피고
반지르르한 마루
동생 재워 놓은 누이가 배를 깔고 앵두 먹고
뒤란 모퉁이 토란잎 뾰족한 입술 부딪치며 자라고
정지대문 열려진 채 문턱이 닳고
처마 밑 늘어진 삼베 보자기 속
찐빵이며 백설기 배를 채우고
가마솥에 소죽냄새
송아지 목 원앙이 철없이 울고
돼지우리 속
코 막고 새끼돼지 세던 꼬마들
아침마다 염소 먹이 오빠가 바쁜

그런 집

세월이 앗아간 집
바람의 집
잡초의 집
누구라도 주인이 되는 폐가
그 마당에 먼지 숫자만큼 풀이 들어차고
풀잎에 청개구리가 잠을 자고
하늘 쪽 주인 없는 거미집에
추억만큼 매달린 힘겨운 수정

04

쑥을 씻으며

3월
쑥을 씻는다
겨우내 딱지 붙은 눈곱을 씻는다
녹은 흙 뚫고 오른 땀 자국 씻는다
처녀 젖가슴 튼다는 봄바람 비켜
햇살 찾은 입술 씻는다
물 안에 젖어
씻으려는 손과 놓지 않으려는
손과 잎이 실랑이 한다

물과 셋 마구마구 실랑이 한다
솜털 떨어지는 싸움이 끝날 무렵
목욕물 투명하고
묵은 낱 잎 그림자마저 없을 때
평화롭게 생글거리는 애기 쑥
하룻강아지 웃음이다
보드라운 순을 자를 때
짠-한 심상
성급히 올라온 웃음기
시기심의 검벌劍罰인가

05 지천명의 눈

눈이 날리어
눈이 내리어
눈이 켜켜이 쌓여 바다에 녹아들고
계곡 고드름에 빌붙어 쌓이고
사찰 내 갖은 탑 조각 틈새에도
십자가 지붕 꼭대기, 처마로
마리아상 머리카락, 속눈썹까지
치사하게 가려 쌓이지 않는다

뭐든 안아 기꺼이 분신이 되는
지천명의 눈

오늘 분으로 날려
분으로 내려
온 밤 내 가로등 잠을 재울 심산이다
지천명의 변신 무대를 장식중이다

갈빛 고운
숲길을 걷다

돌담장

매화꽃

빈 둥지

벽촌 친구

가슴 저미는 계절

김좌영

충북 청주 출생
「문파문학」 시 부문 신인상 당선 등단
한국문인협회 회원, 문인협회 용인지부회원
시계문학회 회원, 문파문학회 운영이사
수상 : 제2회 시계 문학상
저서 : 시집 『그땐 몰랐네』

01

돌담장

백 년의 시간 보듬고
비바람에 삭아 내려
듬성듬성 허물어진 돌담장
바싹 말라붙은 넝쿨 위로
봄눈이 희끗희끗 하다

굴러 박힌 칙칙한 돌 틈새
바깥 세상 망보던 꽃 처녀
낯선 찬바람에 깜짝 놀라
부푼 가슴 여민다

발병 났나 오지 않는 봄빛
애타게 그리는 노란 마음
아는지 모르는지
산 그림자
돌담장 기어올라 스러진다

02

매화꽃

바닷물이 얼고
어린 가지 표피가 갈라터지는
어둡고 긴 고독한 시간
단아한 꽃송이 피우기 위해
일구월심 참고 기다린 봄빛

진눈깨비 짓궂은 희롱에
떨어지는 여린 꽃잎
못다 핀 아픔 어리는 눈물
무심히 비켜가는
세월의 발길이 야속하다

엷은 비구름 서둘러 산을 넘고
산과 들 수묵화 진풍경
땅거미 속으로 숨어드는
여심이 흐르는 봄 산자락
매화꽃 젖은 눈매 떨칠 수 없다

03

빈 둥지

해를 품고 온몸 태우던
노란부리 작은 보금자리
세월에 묻혀 폐허된 빈 둥지

깃털 뽑아 촘촘히 튼 알자리
보드라운 요때기 속
혈흔에 얼룩진 무녀리 하나
빛도 못 본 채 미라가 된
빗나간 영혼 잠이 들고
살갗 비늘조각 너부러진
성스러운 산고의 흔적들
날개 우산 접힌 젖은 둥지
허허로운 바람이 스쳐간다

산새와 동행하는 숲길 내내
사랑이 죽은 삶과
사랑이 산 죽음
안개비 속을 헤매는 갈등

04

벽촌 친구

치솟는 눈부신 태양 벙실벙실 산천을 열고
산국향 그윽한 바람 야위고 거친 뺨 스치며
갈빛 고운 숲길을 가른다

놀란 까투리 푸드덕 소리 산골짝 정적을 깨우고
별빛 헤쳐 산밤 줍던 다람쥐 개울물 찾아 쪼르륵
새벽달 지키던 곰 바위 쑥스러워 하품인사를 한다

흙과 햇빛 비바람 돌과 나무, 온갖 생명
벽촌의 순박한 친구들 서로 사랑하고 어우러져
낮을 일구고 별을 심어 풍성한 가을을 창조하는
자연의 신비, 감격의 또 하루가 흐른다

05

가슴 저미는 계절

부슬 부슬 내리는
소슬바람 가을비
함초롬히 젖은 주황빛 산기슭
발자국마다 고독이 쌓이고
지난날 기억들 눈물이 되는

왠지 허전한
가슴 저미는 계절

꽃눈이 열매되고
낙엽 되어 뒹구니
봄인 듯 가을이 긴 한숨이었나
인생도 다를 바 없는
풀잎 같은 작은 존재

나무와 잎새, 둘이 되는 아픔
새순의 푸른 시절 다 잊고
오가는 세월 따라 떠나는
그대 등 뒤
하염없이 흔드는 마른 손

속눈썹 사이
잔잔한 미소가 흐른다

까치집

쉿!

도둑고양이

터널

나비

이규선

서울 출생
「문파문학」 시 부문 신인상 당선 등단
시계문학회 회장, 문파문학회 부회장
저서 : 공저 『너의 모양 그대로 꽃 피어라』 외 다수

01

까치집

계단을 오르며
까치집 위를 한 발짝씩 오르고 있다
오층 높이의 나무에
까치는
별을 걸어 놓았다

나는 까치별 위를 날고 있다

고향을 그리던 까치가 어느 날 밤 은하수를 건너 저편 별까지 날아 갔다 새벽이 오기 전 고향을 물고 지구로 돌아온 까치는 별을 나무에 걸어 놓고 잠시 잠든 사이 아침 이별을 삼켜 버렸다 서러움에 울던 까치는 고향을 그리며 한 줄 한 칸씩 나무 위에 그려 나갔다 이제는 별의 품 안에서 잠을 잔다 또 다시 고향을 꿈꾸며

계단을 오르며
나는 까치가 은하수를
건너온 것을 믿기로 한다
까치의 날개깃에 무지개가 묻어있는 것을
본 적이 있다

02

쉿!

작은, 얕은 언덕으로
나비가 날아온다

나비의 날갯짓에서
소리가 났다
작고 부드러운 소리가

뱀이 굴속을 빠져나와 마당을 건너갈 때
조용하고 빠른 소리를 닮은

나비의 소리가 색을 낸다
얕은 산에서 계곡으로 흐르며
연초록빛을

쉿!
내가 건너려는 계곡에 작은 발자욱의 점들이 찍힌다
내 입술에도 검지의
점들이 찍혔다
현기증이 날 것 같은 점들이

졸 졸 졸

03

도둑고양이

기르던 사람과 헤어져 집을 나온 지 오래 아파트 울타리 난간 밑으로 조심스럽게 고개를 내미는 한 마리 살벌한 경계의 눈빛 조심스런 발자국으로 몸 전체를 내어 놓는다 영역 순찰 중 아파트에서 나오는 음식물 쓰레기가 생명의 끈 은밀한 곳으로 이어지는 발자국 위로 그들만의 구역이 나누어지는 경계선이 생겨났을 법 식량보유 순으로 식당촌 1급 주택지 2급 공장지대 3급 들이나 산 강가 그 외는 3급 이하로 발톱이 긋는 선이 경계일 것 아파트는 중간 급수에 해당

그의 일자 눈동자에 빗장이 닫히고
빗장 뒤로 영역이 감추어진다
뒤를 따라 걷는 3마리 새끼고양이
그들의 선한 눈동자에도 빗장이 채워질 것이고
훗날 순서로 지어진 영역으로
그들도 나뉘어져 갈 것이다

04

터널

호리병에 모가지를 집어 넣어본 사람은 안다
절벽에 부딪쳐 퍼득이는 나비를 보며 지구의 끝임을 알았다
날개에서 떨어진 분진의 회오리를 따라
호리병을 몇 바퀴 돈 후 희미한 불빛을 찾아
겨우 빠져나올 수 있었다

천천히 맨발로 선 두 발등 위를 내려다 본다
또다시 그곳이 지구의 시작이다

가느다란 모가지에 거친 숨소리 한 모금 집어넣는다

05

나비

커피숍 창가의
한적한 테이블
커피 잔 위에
나비 한 마리 날아와 앉는다

내 일생 처음 보는 나비

날개 곱게 접고
커피향에 살며시 얼굴을 기댄다
속눈썹 사이
잔잔한 미소가 흐른다

나비는 한동안
날아가려 하지 않았다

또 다른 나와 너를 떠나보낸다

정경혜

서울 출생
「문파문학」 시 부문 신인상 당선 등단
문파문인협회 회원, 호수문학회 회원
저서 : 시집 『멀리 날아보지 않은 새』

01

길

걷고 있다
지금, 짧은 시작이었으나
그래도 발이 가는 곳엔
길이 있다
누군가 이끄는 대로 눈을 감고도 걸어온
지난 세월 앞에
문명 없는 원시의 어두운 길이 보였다

내딛지 못한다면
돌아보아도 홀로인 아득한 과거
눈물로도
한숨으로도
발은 떼어지지 않고

무엇인지도 모를 신기루를 위해
만날 수 있는 모든 아픔을 이기기로 하고
추억 속에 그랬듯이
이 길에도 꽃은 피고 새는 우는가

바람 불면 누워 마시고
눈이 오면 일어나 반기듯
햇살 가득 그 가슴에 묻고

종점으로 달리는 가슴속의 과거

문명을 일깨우며
그래도 발이 가는 곳엔 길이 있다

02

청계산

너를 핑계로 가을을 맞이할 준비를 한다
한없이 한없이 고개만 떨구어 지는
모순을 일깨우러
흩어지는 잎들을 앞세워 너에게로 간다

부서지는 햇살 아래에서도
스며드는 안개비 속에서도
아름답던 지난날을 차곡차곡 접으며

푸른 잎이 붉어지듯
위선이 물들어 가고
푸른 잎이 노랗게 변해가듯
웃음이 빛을 잃어

아니라고

맞이할 가을은 아닐 것이라고
애써 고개 저으며
흩어지는 바람을 앞세워 너에게로 간다

03 에스프레소

눈을 뜨면
버릇처럼 네게 손이 간다
흔들리듯 가득한
삶이 너인 양
그렇게 부질없이 보낸
점점의 시간들
살며시 무릎 모으고 턱을 고이면
유리벽을 타고 흐르던
비와 음악과 사랑과
너
짙은 그리움과
피어오르는 고독한 향기
너와 함께했던
사선의 시간들
눈을 감고
너를 느낀다
너를 마신다

04

또 하나의 나

나는 나를 죽이고, 내 안의 너를 죽이고
부끄러움 없이
또 다른 나와 너를 만난다
아픔을 덜어내려는 것은 더 큰 아픔이
파고드는 것을
어리석음으로 되풀이하고
기다림의 짧은 순간 견디지 못하고
그리움의 진한 눈물 참지 못하고
이 순간, 이 자리에
집착하는 마음
이제는
부끄러움 없이
또 다른 나와 너를 떠나보낸다

05

술 1

살아온 세월이
제법 쌓이다 보니
마시는 한 잔 술마다
제각기 사연이
목줄을 타고 눈가로 번진다
한 잔은
씁쓸한 미소로 넘어 가더니
한 잔은
메어지는 가슴으로 넘어 가고
끝내 한 잔은
깜박이면 쏟아질 눈가에 머물러
고개 숙인
술잔의 빛깔만 흐려 놓는다

잃어버린 한 조각을 퍼즐로 찾는다

김옥남

경북 안동 출생
「문파문학」 시 부분 신인상 당선 등단
한국문인협회 회원, 문파문학회 감사
한국문인협회 용인지부 회원, 시계문학회 부회장
저서 : 공저 『가을햇살 폭포처럼 쏟아지는데』 외 다수

01

미로에 서서

보이지 않는 그물에 걸린 나비
날개를 파닥거리면 거릴수록
더 엉키어 못내 지쳐 쓰러져도
포기할 수 없는 삶이 안쓰럽다

하늘 향해 절절한 초음파를 쏘아 올렸다
돌아오는 것은 공허한 메아리뿐
뒤엉켜버린 생은
또다시 미로 속에 갇혔다

찬바람이 머무는 길 위
겹겹이 기운 누더기 바람에 맡긴 채
아파도 아프다 말 못하는 무표정한 얼굴
어디로 가야하나
어디에 있는지 알 수 없는 삶의 퍼즐 조각
이곳 저곳 돌아다니며
잃어버린 한 조각의 퍼즐을 찾는다

어디에서부터 길을 잃은 걸까
알 수 없는 길 위에 서서
한 줄기 햇살 꽃 피어나길
언 손 누더기 속으로 밀어 넣으며
휘청거리는 다리에 힘을 실어본다

02

그대 그림자

문득
그대 그림자 두텁게 드리워지면
흩어져 있는 추억의 부스러기
하나, 둘 모아
돌탑을 쌓듯 쌓는다
지난날 함께한 순간들
얼음 칼날이 되어 살 속을 파고들면
가녀린 소슬바람에도
여인의 마음은 넝마가 된다
아린 빛깔 안개 속으로
멀어져간 그대
수없이 되뇌이던 약속
산중턱에 걸린 운무가 되어 흩어진다
그대 그림자 드리워지는 날
다시
넝마가 된다

03

무심히 찾아오는 손님

작은 가슴에 찾아온 손님 초대장 없이도 밥 먹듯이 언제나 무단출입을 한다 밀어내면 낼수록 곁으로 더 다가서는 손님은 오늘도 무심히 찾아와 자리하고 있다 내 머리는 안중에도 없다 살을 파고드는 엄지발가락 발톱의 고통이 고스란히 전해진다 아픔을 견디기 힘들다 오늘도 실랑이를 한다 난 어쩔 수 없이 바보가 되어간다 그리움에 묶인 바보가-

04

지금, 필요한 것은

멀어져간 시간
힘겹게 끌어당기며
오늘도
아린 가슴으로 시동을 건다
20km, 30km로 달리던 순간은
저 멀리 아득한 곳에 머물고
어느새
60km로 빨라지는 속도
점점-
고장난 브레이크처럼 무섭게 달린다

스~으~톱~!!

외마디는 허공에서 빙빙 강강술레 한다

눈 한 번 꿈벅했을 뿐인데

또 한 장의 달력을 찢는다

길섶의 작은 들풀에 눈길 머물고

이야기 나눌 줄 아는 사람이고 싶다

미쳐보지 못하고 느끼지 못했던 것들

끌어안고 나누고 싶다

지금

필요한 것은

안단테-

안단테-

05 웰빙 도시락

아침밥을 굶고 출근한 딸을 찾는 눈길

거친 손 내밀어 심술 난 딸의 손에 꼭 쥐어준 도시락

배고프니 얼른 먹으라 하시는 어머니

못난 딸은 미안함이 목에 걸려 아무 말도 못 하고

주르륵 눈물만 흘립니다

'괜찮다'하시는 어머니

웰빙 반찬으로만 가득했던 볼품없는

노란색 양은 도시락
무한리필 되는 사랑이 담겨 있습니다
지금 난 도시락이 먹고 싶습니다
어머니의 도시락을-

툭, 터진다
그리움 한마디

이광순

서울 마포 출생, 국민대교육대학원 졸업
「문파문학」 시 부문 신인상 당선 등단
한국문인협회 회원, 문파문학회 운영이사, 시계문학회 회원
저서 : 공저『 바람이 창을 두드릴 때』 외 다수

01

나이테

고목이 허리를 꺾었다
바람을 곁에 두고도 꼿꼿했을 나무
베어지고서야 드러난 세월의 흔적

늘 단단하게 안으로 여미며 살았다
투박한 바퀴수레를
홀로 끌어야 했을 때, 막막한 세상
그 절망의 터널 담아낼 수 없어
깊은 강물과 저물도록 싸웠다는 어머니
다섯 자식 눈빛에
밭은 숨 말아 쥐고 돌아섰단다
시린 가슴 풀무질하며
더 이상 필요하지 않은 것들은
가슴뼈 깊이 넣고
다시는 꺼내지 않았단다

팔십 해 훌쩍 넘겨
뭉텅 잘려나간 기억 너머로
편안함마저 내려놓고
백결의 옷 갈아입을 때 드러난
촘촘 패인 어머니 나이테
내 허물 같은 지난 시간의 말들

02

그 겨울바다

그가 놓고 간 바다
길게 늘어진 수평선 위에 고스란히 남은 세월
하얀 포말로 앞을 내어준다
바닷바람 외로운 휘파람 소리로 떠돌면
썰물로 속살 드러낸 등짝에 번지는
아릿한 통증의 파동

가슴속 살아온 삶이 조각난 날이면
제법 날刀선 바다를 만났다
목울대까지 차오르는 서글픔 가늠할 수 없어
꺼이꺼이 울음 토해도
그저 묵묵히 그 아픔 가져가던 파도소리
잿빛으로 변해버린 몸피 위로
흰 눈송이 끌어오면
오래전 버린 말들 되살아
끊어진 시간 이어가기도 했던 그 바다

시퍼런 날 잦아든
서로의 영혼을 저울질 하다 멈춘 바다
바람은 등 뒤에서 불어오고
돌아선 그대
차가운 눈 속 일렁이는 눈물에
언뜻 스치는 연둣빛 바람

03

꽃의 말

연둣빛 홍건해진 숲
겨우내 묵은 아늑한 봄바람 지나간다

화들짝 피어나는 꽃
지난 시간들로 꽃 색깔 만들고
달뜬 마음으로 게워내는 향기

서둘러 목 길게 빼고
높은 나무에 깊어진 봄을 보는 꽃

한여름 동안 주어진 시간
흠뻑 사랑하고
나를 버리고 그가 되는 것

그의 무늬가 박힌 꽃술
꿀샘 밑으로 바글거리는 말
툭 터진다. 그리움 한마디

04 담쟁이 사랑

한 겹만 들추면 아픈 표적들 숨어있는 담
벼락 위로 기척 없이 스며든 손
온몸 바람 두르고 지켜낸 경계
끝까지 사랑하는 일 불안하다
떼어내려 하면 할수록 깊이 파고드는
그 사랑, 집착이라고
한몸처럼 엉켜있어도 서로인 채 서성일 때
지난 사랑의 그리움 이어져가고
우수수 떨어지는 냉한 바람에도
소멸되지 않은 시간마저 껴안은
단단한 그 품

가을 햇살 홍건한 담
비로소 붉어지는 몸속 너와 나

05 겨울 강

닫혀진 강 등 뒤에서
가슴이 얼마나 출렁이는지 알 수 없어
바람 휘감고 흔들리는 갈대 숲

지체된 시간 앞에 우리고 우려낸 선홍빛 틈 사이
비집고 들어앉은 어둠이 깊다
가슴 에이는 높바람 소리
먼 산마저 성큼 내려와 긴 그림자 만들고
섞이지 못한 너와 나
쩌렁쩌렁 우는 강 위에
숨 죽이며 쌓이는 눈발
겨울, 마지막 귀퉁이 돌게 될 어느 날
한없이 내려앉는 물살 위에
웅크린 햇살 길게 깔리면
갈라터진 가슴속 빗장 풀고
함께 흘러갈 우리

단순한 그리고 오묘한

박진호

방송대 국문과 졸업, 동국대 문화예술대학원 문예창작과 수료
「문파문학」 시 부문 신인상 당선 등단
문파문학회 감사, 시계문학회 회원, 한국문학인협회 회원
저서 : 공저 『바람이 창을 두드릴 때』 외 다수

01

한 번 뿐

한 번의 마주침
감으로 이루어지는 미래로의 발걸음
살자 산다 헤어지자의 의미망
타로카드에 묻어나는 관계의 업보들
둘러보고 맴도는 시간의 스텝들
한 번 더 지나간 스타일의 유형에 따를까
안 해 본 느낌을 존중할까
어지럽게 얽힌 삶의 실타래
장독을 깨는 아픔으로 미래를 훔친다

02

합장合掌

사노라면 만남이 기원祈願인 것을
하루를 맞는 맘
초 하나 담아 바치는 기도
냉이국 오른 밥상에도
새순이 돋는 봄바람과 햇살에도
새날 새해 새봄
헛되이 버려질 시간이 없듯이
운명을 조율할 선택의 순간

몸 기운 다해 삶의 길을 낼 때
겸손히 두 손 모아 바치는 마음

천사의 날갯짓 환영을 마음으로 받는 순간
한순간 비틀거릴 수 있는 건 삶의 은혜
빈 마음을 대나무처럼 성장시키는 순간

03 사진

한 컷의 아름다움
순례자의 걸음과 같은
수도자의 기도와 같은
오아시스의 한 모금 물 같은
영혼의 그림자를 찾는
신의 숨결을 탐하는
성인의 후광을 담으려는 노력

단순한 그리고 오묘한
빛의 조화로 담기는
그림의 시

04

사라지는 것들

기억의 파편들 속에 숨겨진 추억들
사진첩을 접어야 할 때가 오면
소용돌이 쳐 오는 가슴의 뭉클함이여
어떻게 이 사막과도 같은 길을
오아시스를 목표 삼아 넘어 온 길들
신기루를 찾아 허송하는
한순간 한순간이 생의 사투인 것을
그래도 물 한 모금 나눌 동료가 있어
인생의 오아시스라지만
그마저도 사라져 가는
사진첩의 사진들처럼

05

벽과 바람

벽의 인내심은 바람과의 대화
바람에게
벽은 벽이라는 외침으로
홀로 서 있는 것
내 맘은
바람 같은 변화로 채울 수 없다는 것

바람의 벽을 향하는 말
높고 낮음의 차이를 느껴 봐
세상은 넓으니 떠나 봐
돌고 도는 것도
하나의 모습이야
그래도 벽을 찾는 바람의 욕구

벽 안의 불어오는 바람은
빈마음의 흔들림
먼지를 벗겨내야
하늘의 햇살을 벗할 수 있는
순수와 조촐한 마음
이 세상의 우물물 같은

그는 장미꽃으로 나는 한 그루 느티나무로

채재현

충남 서산 출생
「문파문학」 시 부문 신인상 당선 등단
문파문인협회 회원, 호수문학회 회원
저서 : 공저『기쁜 날, 슬픈 날, 즐거운 날』 외 다수

01 아마도

밤이 하얗다
시계는 저벅저벅 걸어가는데
기억 저편 때 삼킨
상념들의 얼키고 설킨 실타래들
꾸역꾸역
마음을 시끄럽게 흔들어 대고 있다
어머니 치마폭 같은 밤
한 알
묘약을 들었다 놓았다 몇 번
헝클어진 머릿속

아마도
토끼의 눈동자로
해돋이를 볼 것 같다

02 어느 햇살의 영전에

얽히고설킨
실타래 같은 사연들
TV 화면 시끄럽더니

한줄기 따사로운 햇살 이야기
유월의 훈풍이다

그가 한 달 동안 땀 흘린 댓가 80만원
한줌 좁쌀만큼
입에 풀칠하고
장래 석학이 될 여린 묘목들의
허기진 주머니에
쏙 쏙 쏘아줬다는 따사론 사연

어느 날 갑자기
준비없이 여행 떠난
그의 발자국 위에
붉은 이파리 뚝뚝 떨어지고

영정 앞에 놓인
흰 국화송이만큼
부끄러운 눈물 흠뻑 적신다

03

2월 햇살

입춘대길 써붙인 마당 안으로
겨우내 소식없던 함박눈
기세 좋게 또아리 튼다
질세라
시베리아 대장군도
사나움이 맹렬하다

아침나절
담벼락에 쪼그리고 있던 2월 햇살
시계바늘에 기대더니
부챗살 너른 바닥
활짝 웃는다

그제사
함박눈도 시베리아 대장군도
슬그머니
나무 밑으로 숨어 버린다

04

꽃샘추위

봄은 벌써 9시를 넘어
따사로운 아랫목에
푸름을 해산한 소문 자자한데
아직도 머뭇거리며
떠나지 못하는 칼날 같은 고추바람의
가슴 저미는 아쉬움
새 각시 굴뚝 뒤에서 훌쩍거리듯
빗방울 흘리더니
쫓겨난 조강지처의 발자국처럼
오늘도
동네를 서성거리고 있다
잡아 달라는 간절한 마음처럼

잠자던 외투
덩달아 길거리를 활보하고 있다

꽃샘추위

05

봄의 노래

내가 숨 쉬는 창문 곁으로
비파소리 같은 음률과 달콤한
세레나데 흠뻑 담겨진
푸른 잎사귀 풍성한
나무 한 그루 다가왔으면 좋겠습니다

나는 새가 되어
잎사귀 한 잎 입에 물고
나뭇가지에 기대어
꿈결 같은 화음을 나누고 싶습니다

그는 장미꽃으로
나는 한 그루 느티나무로

하모니 가득한 숲을 이루어
노래했으면 좋겠습니다
하늘 가득히

봄의 노래

추억 한잔에 지긋이 실눈뜨고

유귀엽

경남 하동 출생
「문파문학」시 부문 신인상 당선 등단
산약초 전문해설가, 약용식물 관리사
아주대학교 평생교육원 약용식물관리과 출강, [한민농장]운영
문파문인협회 회원
저서 : 공저「문파문학지」외 다수

01

인생

구불 구불한 산길
오르막도 있고
내리막도 있지요

숨이 턱까지 찰 때면
내려갈까 유혹도 있고
쉬운 길로 돌아갈 갈림길도 있다

숨 한 번 고르고
물 한모금 타던 목을 적시고
오던 길 뒤돌아보면
저만치 밀려오는 새 바람

시원함도 잠시
큰 걸음으로 달리듯 숨가쁘게
정상을 향한 나와의 씨름 한 판

이 자리를 위해 이렇게 달려왔나
무엇을 위해 여기까지
필름처럼 떠오르는 얼굴들

달콤한 과일 한 조각 여유로움도

쓰나미처럼 무섭게 밀려오는
정상의 자리가 부담스럽다

힘겹게 오른 정상에
해가 기울고
오래 머물 수 있을거라 믿었는데
하나둘 오던 길을 되돌아간다

끝까지 지키고 싶은 마음
해는 기울고 찬바람이
나를 밀어낸다

02 들국화

긴 여름 끝
가을 햇살처럼 피어나
갈바람 따라 향기 피우며
내게 다가온
손님

들에 피어 들국화인가
산에 피어 산국인가

꽃차를 만들까
베갯속을 만들까

작은 꽃
보듬어 집안 가득 향기 채우고
희미한 정신 맑아지며
서늘한 날씨
감기에 좋다는데

저기저기 양반님
열내지 마소 혈압 오르니
향기 좋은 것이
약성 또한 좋소이다

03 인생 버스

덜컹 덜커덩
엔진소리 요란한
낡은 시골 버스
우리네 인생같다

고속도로 잘나가던 시절

소리 없이 달리더만
나이 들어 무릎관절
소리나듯 여기저기

녹슬고 흠집 많은
깡통 고철 아직 그래도
힘이 남았다며
힘겹게 큰소리치며 달린다 덜컹대며

04 사랑도 잊혀질 날이 오겠지요

세월이 흘러
당신의 기억 속에 지금
사랑도 잊혀질 날이 오겠지요
웃고 울던 그 시절도 바람처럼
떨어진 낙엽이 또랑을 타고
잠시 머문 자리
지나온 시간을 회상하며
흐르는 물에
몸 담고 마음 담아
세월 따라 가다 보면
사랑도 잊혀지는 날이 오겠지요

추억 한 잔에
지긋이 실눈 뜨고
꼭 다문 입꼬리 살짝 올라가는
그 사랑에 이슬이 맺히겠지요

05

시골 버스

움직이는 퍼즐
그 속에 담겨진 자연이
알록 달록 한 폭의 수채화 같다
파란 하늘 밑 황금 들녘엔
고추잠자리가 비행을 하고
흰 두건 싸매고
빨간 고추 따는 아낙네
붉은 벽돌에 하얀 십자가
교회 종소리가 들리는 화폭
풍성한 가을 창 달고 시골 버스가 달린다
빠글 빠글 같은 파마머리에
구릿빛 얼굴 오가는 정담 속 웃음과
작은 거울 속 기사님 미소가
가을 들녘처럼 넉넉하다

돌아가는 그 길 외롭지 않게

박지영

서울출생
「문파문학」 시 부문 신인상 당선 등단
문파문인협회 회원, 신시문학회 회원
저서 : 공저『 작은 창문 속으로』 외 다수

01

절망

썩은 오이지마냥 흐물흐물

힘이 없다

분명 어제까지도

살캉살캉 싱싱한 피클 같았는데

지금은 짜디짠 군네 나는 오이지 같다

먹을 수가 없다

오래오래 잘 버티나 했는데

점점 곰팡이가 스물스물 올라온다

도려내면 살아갈 수 있을까

02

6시 59분 – 일몰

낮과 밤이 공존하는 이 시간
종일 뜨겁게 불타더니
재만 남기듯 사그라들고
밤새 어두운 세상을 비춰줄 달은
안쓰러운 눈빛으로 지켜보고 있다
고단한 하루의 수고를 위로하는
잔잔한 미소를 띄운 채
돌아가는 그 길 외롭지 않게
배웅하고 있다

03

어머니

오늘도 손엔 시장 가방이 들려있습니다
도라지 우엉 연근
참 손도 많이 가는 것만 잔뜩 사가지고
매일 다듬고 썰고 볶아
어딜 그리 날라다 드리는지
드릴 곳이 줄어들질 않네요
잠시도 가만있질 못하는 당신
여전히 고단한 당신 삶 같아

안쓰럽기까지 합니다
이젠 그만 편히 쉬셔도 되련만
어찌 그리 애를 쓰고 사시느냐며
핀잔만 늘어 놓습니다
그러면 당신은 이렇게 말씀하시지요
내가 해줄게 이거 밖에 없어

모진 세월에 굽어진 손가락 마디 마디
평생을 희생만 해 오신 자랑스런 손
매일 사랑을 볶고 지지고
이젠 그 손이 그 일 못하실까봐
가끔은 두려워지는 때가 있습니다
오래 오래 당신의 사랑
먹고 싶은데

04 중독

매일 아침 눈을 뜨면
제일 먼저 드는 생각
바삐 서둘러 나간 빌딩 숲에서
내가 숨 쉴 수 있는 이유
뒤엉켜 있는 내 실타래를

살살 달래 주는 검은 향기
고단한 밤 뒤척일 걸 알면서도
블랙홀에 빠져 허우적대는
끊을래야 끊을 수 없는

너는 내게 카페인이다

05

부메랑

몸부림 치며 자유를 향해
두 팔 벌려 도망치듯 날아가도
어디로 사라졌는지 알 수 없어도
몸을 던져 힘겹게 거꾸로 오르는 연어처럼

기다리는 걸 아는 너는 돌아오게 되어 있다
여기가 네 자리인 걸 알기에

그 달빛
그림자보고 싶다

돌아올 수 없는 여행

마음

가을 서정

고향 달

중년

김주현

충남 예산 출생
「문파문학」 시 부문 신인상 당선 등단
동남 문학회 회원, 문파문인협회 회원
저서 : 공저 『달팽이의하루』 외 다수

01

돌아올 수 없는 여행

아버님 여행 떠나시던 날
산천 푸르름 눈물이 나도록 시렸다

이승과의 이별 끈 놓치지 않으려고
안간힘 쓰던 모습
내 가슴 소리 없이 무너져 내렸다

다시 못 올 그 길
마음 담아 온몸 적시고 온 날
솔잎 가지 위 초여름 비 내리고

유난히 좋아하시던 봄꽃들
따라갔나 흔적만 남아 있다

02

마음

마음 한 가닥 엉겅퀴 꽃에 물들어
맑은 계곡물에 담가본다
흔적은 남아 있다

구름 이고 훌쩍 떠난 길
소소한 일에 부딪힌 마음
스르르 풀어지고
잔뜩 무거워진 어깨
사뿐사뿐 가벼워진다

바다
바람
구름
내 마음 초록빛 물들이고 있다

03 가을 서정

가을입니다
해질녘 먼 산

어스름 칠보산이 내 눈에 들어옵니다
말로 다 할 수 없는
내 가슴속의 사랑에 정감들

해지는 풀섶에서 우는 풀벌레 울음소리
내 가슴 쓸쓸하게 주저앉아 버리고

나도 가고 낙엽도 가고
이 아름다운 가을 서정을 가슴에 담아 둡니다

04

고향 달

송화 가루 날리던 밤
대청마루 끝자락에 앉아 있으면
앞산 뻐꾸기 울음소리에
내 마음속 뻐꾸기도 목청을 높였지

농익은 여름 밤
토담 위 하얀 박꽃에 보름달 비치면
별들이 서쪽 하늘로 기울어도
나는 어디에고 쫓기지 않았다

처마 끝자락
그 달빛 그림자 보고 싶다

05

중년

자기 살 덜어 낸 나무
갈색으로 변해 가는 가을 산

가을비에 뒹구는 낙엽처럼
이리 저리 나뒹구는
중년의 여자 속을 들여다본다

젊지도 늙지도 않은
갈 수도 올 수도
잡을 수도 놓을 수도 없는
중년의 나이테가
지나가는 바람 한 자락 휘어잡는다

새들이 돌아오는 저녁에 서면

빈방

장미다방

시절가

햇살

부성철

서울출생
「문학과 의식」 시 부문 신인상 당선 등단
문파문인협회 회원, 호수문학회 회원
저서 : 공저『기쁜 날, 슬픈 날, 즐거운 날』 외 다수

01

빈방

멀리 물 내리는 소리
세상은 깊은 늪에 잠기고 나는 굼벵이가 되어간다
등을 구부려 나를 품고 눈을 감으면
갇힌 바람도 애스러워 방을 서성인다

"프랑시스 잠 라이너 마리아 릴케
1 , 2 , 3 , 4 , 5 , 6 , 7 , 8
엥포르멜 화랑이 패들도 잠들고"
잃어버린 잠을 찾아 떠나는 배
닫힌 문틈 사이로 빛이 스며들면
가슴 후비던 그리움도 놓을 것만 같다

심해를 헤쳐 나가는 물고기
의식은 깊은 바닷속을 헤매고
"엥가 엥가" 깊은 도시를 가르고 앰뷸런스라도 뛰면
빨라지는 맥박

길을 잃은 꿈들이 벽에 다다다닥 붙어 있고
살아야 할 이유들이 그렁그렁 달려 있는 공간 위로
스쳐 지나가는 것들이 있어
가만히 움츠렸던 몸을 푼다

멀리 물 내리는 소리
왼손이 다가와 오른손을 잡자
그제사 서둘러 깊은 잠 속으로 빠진다

02 장미다방

모퉁일 돌면 금세 사라져 버릴 것 같다

파리똥 묻은 벽지 위로 액자 하나 걸치고
쌍화차에 계란 툭 풀어 넣은
낡은 탁자 위로 바퀴벌레라도 지나면
시간은 거꾸로 돌아가
어느 가을이었다

"레지"라고 부르던 우리의 누이
배달 나선 등 뒤로 슬픔이 따라나서고

그립다 그립다 하고
호사스런 그리움이
내 젊은 어느 가을날의 청춘으로 돌아가
속닥이고 싶어지는

얼추 이 가을날 같은 찻집이
마치 이 내 나이 같은 찻집이
잡으려면 부스러져
어디론가 사라져 버릴 것만 같은

03

시절가

소문은 북항*에서 넘어왔다
바람의 발생지
심심해진 한낮이 풀어내는 풍설
저녁 나절까지 돌아 돌아 농익어서
마을에 퍼졌다
하루 만에 새댁이 아기를 낳고
아저씨는 할머니가 되어 있었다

며칠째 계속되는 불볕 더위는 좀체 식지 않았다
곰팡이 냄새 가득한 지하 P/C 방에선
지루한 청춘들이 내뿜는 말들이
잊혀진 시간들을 넘어
한줄기 문장을 건들 때마다
메마른 바닥이 짝짝 갈라졌다

어느 땐가
기계가 사람을 잡아 먹는 시절이 있었다

---

* 북항 : 여객터미널이 있던 내 어릴 적 부두

04

햇살

라일락 향기 가득한 이 오월에
햇살 길게 뻗은 신작로 위로
하얀 구름 파란 하늘에 떠 있고
바람에 실려 잊혀졌던 내 젊은 날의
초상이 그려지면
눈 부신 햇살이 하도 고와
가슴을 열고 양손을 펼칩니다
솜사탕 같은 꽃잎이 사방으로 날고
가만히 눈 감으면
도시 한 귀퉁이에 쓰리게 남아
종기처럼 품고 있던 가슴속 상처가
톡 터져 줄 것만 같습니다

새들이 돌아오는 저녁에 서면

꽃잎이 지듯 젊음은 어느덧 사라지고
우리네 삶도 기속 속으로 떠나보냅니다

달빛, 하얗게 내린 가지 위에

박노일

경기도 일산 출생
「문파 문학」 시 부문 신인상 당선 등단
문파문학회 운영이사, 창시문학회 부회장
저서 : 공저 「차마하지 못하는 말」 외 다수

01

4月

산 비둘기 서럽게 울던
내 고향 4月은
유난히 붉었다
보릿 고개 넘던
힘겨운 아버지 빈 지게에 걸린
핏빛 진달래
술지게미 취해 잠든
어린 동생 야윈 얼굴이
우물가 개복숭아 꽃보다
더 붉었다

02

또 한 해가 간다

저문 하늘 겨울새 한마리
지친 날갯짓이 안쓰럽다
수은 등 하얗게 너울대는 탄천
추위도 잊은 채 첨벙대는 오리들
무엇이 그리 분주할까
새해 아침 다짐도 많았지만
송년 저녁은 가라앉은 돌처럼 잠잠하다

오가는 발길들이 딛고 가는
작은 징검다리라도 되었으면 좋으련만
하찮은 물살에도 구르는 돌이 될까 걱정이다
세월 쉼 없이 흐르는 물결
속절없이 또 한 해가 간다

03

먼 산 바라기

늙도록 장가도 못 가고
조카 집에 얹혀 사는
이름 없는 먼 산 바라기
몇 시간이고 사랑 마루에 앉아
먼 산만 바라보는 어린애 같은 아저씨
아이들이 놀려도 말이 없던 먼 산 바라기
지금 나는 그가 머물던 산 위에
홀로 서 있다
그는 어디 있을까
애초 그가 바라본 산은 없다
세상이 그리 보았 을 뿐
내가 본 하늘은 어디 있을까
멀리 흰 구름 사이로 찌든 얼굴이 겹친다
먼 산 바라기 인지 나인지

04

빗속에서

하늘 서러움이 쏟아지는
두물 머리 강가
휘어질 듯 빗물을 흠뻑 문 蓮
간담 서늘케 하는
저 번쩍이는 뇌성
통한의 울음
우리를 철들게 한다
몇 점 바람이 잎새를 다독이고
물 안개 속 잠을 재운다
수정 같은 망울이 하나둘 떨어지고
신이 난 물방개가 맴을 돈다
이 비 그치면 연두색 잎
더 진한 옷 갈아 입고
내일은 찬연한 꿈 피우리라

05

투레 질

투루루루
문풍지 사이로 떨려 오는
말간 앵두 같은 입술

하얗게 퍼지는 물보라
꼭 쥔 주먹 부릅 뜬 눈 힘찬 발버둥
천지를 호령한다
바람 불까 비울까
할머니 장단에
더 신명난 젖먹이 가락

나를 깊게 안을 수 있었으면 좋겠다

권소영

경북 문경 출생
「문파문학」 시 부문 신인상 당선 등단
문파문인협회 회원, 시계문학회 회원
저서 : 공저 『그대 그림자』 외 다수

01

깊은 포옹

담쟁이가 콘크리트 벽을 깊게 품었다

청청靑靑하다

옹벽도 얼핏 온기가 도는가
이파리가 파르르 떨린다

뿌리는 빼저린 기억들을 삭혀 거름을 만든다
그렇지 않다면
푸른 피가 도는 혈관이 저리 뻗어가지 못했으리라

잠시 내리는 비가 와인처럼 달큼 쌉싸래하다
잎들이 취기로 촉촉이 젖는다
설핏 세상이 가벼워진다

품고 있는 것이 벽이 아니었대도
저토록 선명히 푸르렀을까

생명 없는 것에조차 제 품 내어주어야
저 자신도 깊이 안을 수 있음을 아는 것이다

내 안에도 한 오리 지극한 뿌리가 있는가

팔이 움찔 거린다
나를 깊게 안을 수 있으면 좋겠다

02

능소화

맨가슴으로 치받아 기어
마침내 오르고만 황홀한 절정

천 년의 갈증으로 되짚어 올라도
끝내는 피할 수 없는 허방을 잡으며
토해 낸 간절한 탄성

사랑하면 놓아줄 줄 알아야 한다
잡은 손 떼면
불볕 담장에 생가슴 지져 피는
저 열꽃

모가지 채 툭 떨어져 흙바닥이어도
마알갛게 눈뜨고 있는
정염情炎에
능소화, 중독된 사랑

03

시모媤母와 시詩

기울어진 나무대문 앞으로
따가운 햇살 가마니 채 쏟아지고
무너진 담장 곁 자두나무 사과나무
한 해 분량만큼 사랑 제대로 끝내고
교태 없이 홀쭉하다

아직 벼 베지 않은 윗배미 옆 도랑
우거진 잡풀 속이 수상쩍다
개구리 울음 크고 짧더니
바람 없는 풀숲을 흔드는 섬찍한 술렁임
알짱대는 독사쯤이야 시방도 그냥
때려잡는 허리 구부정한 시모媤母
도지를 주려니 한 마지기 겨우 여덟 말이라
두어 해는 그냥 더 지어야겠다며 빈 웃음 크다

현미 서 말 백미 반 가마
윗동네서 사온 참깨 두 되에
주천 장날 짜온 참기름
송편이며 전이며 더덕 반찬

트렁크가 비좁도록 실린
시모媤母의 시詩

내 시詩가 실린 책
건네지 못하고 가방에 도로 넣어
슬그머니 자가용 앞자리에 놓아버린다

04 소월素月

구백아흔아홉 밤을 구백아흔아홉 번
하늘 정기로 영근 뿌리
마악 껍질 벗고 살캉거리는 속살 드러냈다

더덕 향 짙은 달빛

마침내 겹겹 옷 벗어내고 맨살로 선 女子
삼백예순다섯 날을 쉰 번쯤
땅에서 농익어 뜨는 달

05 늦사랑

저어기 느티나무 쩍쩍 맨살 튼 세월에
아, 연둣빛 새살

그리 간살 떨던 햇살에
자지러지게 피어보도 못하더니

청청한 결기로
곁가지가 부러져도 꿋꿋하더니

손주가 손주 볼 나이인 걸
아는지 모르는지

요 야살스런 봄기운에
머언 뿌리 물기 올라
남세스런 암내라도 풍기겠네

뜨거운 가슴으로 살아간다

그 여인의 치마폭

분재

우연한 만남

겨울 바다

멈추지 않고 흐르는 강물

이은영(에스더)

전북 전주 출생, 조선대학교 여자대학 의상학과 졸업
「문파문학」 시 부문 신인상 당선 등단
「월간문학」 수필 등단, 문파문인협회 회원
수상 : 제16회 동포문학상
저서 : 수필집 『이제 떠나기엔 너무 늦었다』

01

그 여인의 치마폭

젊은 날에
내 치마는 폭 좁고 짧았다

암탉이 병아리 품듯이
넓고 포근한 치마폭으로 감싸 안아
다독이고 녹여주지 못하고
받기만을 원했던 서툰 사랑

아이들 장래를 위해
적당한 치맛바람도 일으켰어야 했나
그저 마음만 바빠
안절부절 했던 어리석음

넓은 바다에 그물을 던지듯
먼 곳 남편의 유배지까지 멀리 펼쳤던
다산 정약용 아내의
열두 폭 치마

떠나던 날에 어렸던 딸이
장성하여 출가하게 됨을 전해 듣고
아내의 치마 한 폭 잘라 내어
딸에게 그려 보낸 사랑과 축복의 매화쌍조도

허구한 날 눈물만 떨구지 않고
남편에게 보낸
그 여인의 치마폭은
사랑과 예술을 피워내는 신비의 마술

하늘같은 남편은
극지에서도
그 여인의 치마폭에
머물고 있었음을

02

분재

창조하신 이보다
손질하는 그의 손길이
더 두렵다

서커스의 소녀를 길들이는 채찍처럼
꿈의 가지들은 잘리고
의지는 철사로 감아 잠재우고
비틀고 휘어서
흙속으로 묻어버렸다

날개 꺾인 새처럼 참담한 모습
바람의 다독임과
햇살의 위로에
그래도 꽃도 피고 열매도 열며
뜨거운 가슴으로 살아간다

이제는 하늘 향해 두 팔 벌린
우람한 거목도 될 수 없고
그것은 지난날의 덧없는 꿈이었다

좁은 공간 틀 안에 갇혀
사명을 다할 뿐
참아온 시간들과
비틀린 상처의 아픔을 보며

바라보는 자들은
"아름다운 것은 참 슬퍼요"
동정심 섞인 찬사를 보낸다

03

우연한 만남

국화꽃 핀 날
매창의 묘소에는
무성한 억새
바람에 일렁이고

돌을 깎아
여인을 빚어내는
조각가의 창가에는

하얀 돌 여인이
숨 쉬기를 기다리며
가슴앓이를 하고 있다

바다가 좋아 바닷가에 사는
날개 다친 갈매기 같은
한 남자의 창 밖에는
술렁이는 바다

그 남자의 시선 저 멀리
파도 저 너머에는

뭍으로 오를 수 없는

슬픈 인어처럼
가슴 아픈 한 여인이
살고 있었다

04 겨울 바다

겨울 동해는 오늘도 희고 푸르다
태안반도 재앙을 생각하며
아직도 가슴이 아프다
기름 범벅 속에서 갈매기가
끼룩끼룩 울며 죽어가는 것을 보았다
기름을 걷어 내고 닦아 내고 씻어 내어도
석화가, 미역이 물고기 떼가
죽어 썩는 것을 보았다
모래 속으로 파고 든 기름
바위에 달라 붙고
동굴 속으로 스며든 기름
어찌합니까? 용서하소서
어리석고 실수투성이의 우리들을…
고기들이 팔딱거리고 문어가 꿈틀대는
주문진에서 아름다운
겨울 바다를 바라본다

다시 회복중인 태안반도를 그리며
겨울 바다를 사랑하고 싶다

05 멈추지 않고 흐르는 강물

알고 있어도
침묵하는 나무처럼
아파도 괴로워도
원망 없이
피고 지는 꽃처럼
알아도 모른 척할 건
눈을 감고
어디로 가야 하나
무엇을 해야 하나
고민하지만 거부할 수 없는
내 앞은
짐작하기 힘든 미지의 세계
그저 헤치며 부딪치며
더듬거리며 발을 내딛을 뿐이다
많은 경험도
깨우침과 후회도
새로운 날의 각오로도

알 수 없는 것들
피곤하지만
멈추지 않고 흐르는 강물처럼
세월처럼-
모른 채 가고 있다

가슴 뜨거운 사랑 살랑인다

가을 냄새

호수 위의 물방울

봄

땅끝

개망초

조영숙

전남 장흥 출생
「문파문학」 시 부문 신인상 당선 등단
문파문인협회 회원, 호수문학회 회원
저서 : 공저 『바람의 작은 집』 외 다수

01

가을 냄새

얼굴 스치는 낯익은 가을 바람에
꽃의 숨소리 들린다
수줍게 피어나는 꽃들
자기만의 도드라움으로 향기 풍길 때
흙 냄새 속에서
아련한 어린 시절을 끌어내고

가슴 저리도록
투명한 햇빛들의 속삭임
풍경으로
흘러내린다

02

호수 위의 물방울

새벽 호수는
은빛 물살을 뽐내며
웃음 짓고 있는데
하늘은 풍실한 구름 모아
회색 집을 만든다

구름에 안겨 서성대던 눈물
수면 위로 떨어진다
물빛 고요한 마음
어수선하다

03 봄

봄
입술 모아 소리 내어 보면
입안 가득 고이는 초록이다

나무가 제몸 밀어올리며
가지 끝에 물기 내밀 때
새 한 마리 날아와
달디단 물 한 모금 부리로 찍는다

하늘은
품에 안고 있던 햇빛을
땅 구석 구석 풀어 놓기에 분주하고

봄 향기
숲속을 가득 메울 때
가슴 뜨거운 바람 살랑인다

04

땅끝

오직 한 마음으로
내리 비치는 햇살에 숨이 막혀도
땅의 끝자락에서 바라보는 바다는
한순간도 쉬지 않고 흐른다
넓은 물결은 하나의 노래가 되어
끝없는 수평선 너머로 가고

뜨겁게 반짝이는 모래알 속에
흘러도 마르지 않는 세월의 흔적
자리 잡고 있다

그리움의 시간이 움트는 곳
더 갈 곳 없는 벼랑에 서서
나그네 향기 취할 때
모두의 사랑 꿈꾸는 한 마리 새
바다를 나른다

05

개망초

몸 낮추고 얼굴 내밀어
쏟아지는 햇빛 껴안고
꽃 피우는 너를 보며
삶
다시 사랑하기로 했다
말없이 한 발, 한 발 내디뎌
작게 부는 바람에도
고개 끄덕이며 사는
낮은 길가에서 바람처럼 다가와
가는 세월 받아주고
겸손히 말하는

쨍한 햇살만큼
뜨거운 삶의 여정

내가 바람이 되리라

창 사이로

늙은 소나무

수선스런 봄

마음산책

사월의 단상

박옥임

부산 출생
성균관대학 교육학과 졸업
「문파문학」 시 부문 신인상 당선 등단
시계문학회 회원, 문파문인협회 회원
저서 : 공저 『그랬으면 좋겠다』 외 다수

01

창 사이로

얇아진 햇볕 창에
해 바라기 하며 기대어 있을 때

사위어 가는 가을바람
창으로 쓱 들어와
내 가슴 관통해 버렸다

구멍이 펑 뚫린 듯
스산한 바람 사뭇 들어온다

시리다

두 손으로 막아 보지만
주저 없이 스며든다

삶이 곧 멈출 듯
초조해지는 조바심
싸하니 저려오는 온몸은
아직 도착하지 않은 겨울을 맞는다

이제
오롯이 받아들여

나를 띄우리라
내가 바람이 되리라

02

늙은 소나무

사시사철 푸르름을 피워 올리고
아득히 긴 세월을 청청히 서서
활짝 팔 벌리고 세상을 품었는데
이제는 힘겨워 조금씩
가지를 내린다
잎을 떨군다
영원을 갈망하며 사력을 다했으나
생명의 순환은 우주의 원리임을
욕망을 내려놓고
나를 내려놓는다
가야 될 길이 눈앞에 서면
날갯죽지에 조롱조롱
솔방울을 단다
너와 나의 연결고리라는
작은 욕심 하나 지닌다

03

수선스런 봄

슬며시 다가오는 바람 끝에
따사로움 묻어 있고
추위에 지친 창백한 숲엔
말간 햇살 찾아와
하루 종일 소근거린다

겨우내 헐벗고 웅크린 나무들
멈칫 멈칫 눈치 보다
바람을 가만히 만져 본다
땅 속 저 아래 뿌리가 꿈틀한다

아 이제 마음 놓고 흔들려 보자
반갑게 햇빛과 악수하고
새털처럼 보드라운 바람
힘차게 안아본다

쳐져 있던 가지들
분주히 새순 틔우고
이름 모를 새들 다시 모여
잊었던 노래 새로이 부른다

웃음 물고 살근 살근 다가오는 새봄
숲이 들썩인다

04

마음 산책

마음이 갑갑한 날은
하늘을 본다

몽실 몽실 솜털 구름
쫓아가 보면
가슴 속 답답함은 절로 갈앉고

우거진 수풀
울창한 나무들
폭포가 떨어지는 계곡에 닿는다

햇빛 부시는 계곡 물에
발 담그고 앉으면

말갛게 머릿속 깨어나고
슬픔이었던 가슴을
오롯이 풀어내니

구름 위 하늘나라
마음 안에 들어앉는다

05

사월의 단상

비가 내린다
화사한 꽃잎을 떨어져 내리고
봄의 향연 사라진다
젖은 나무
젖은 숲
화려함도 젖어 버리고
뿜어내는 향기조차 사라져
조용히 침묵한다

아름다움 거두어
생명의 연두 피워내지만
초라해진 꽃잎들이
안쓰러움으로 다가오는
사월의 어느 비 오는 날 오후

젖은 숲속
상큼한 푸른 향 다시
떠올리는 사월의 단상

진달래는 꽃비로 내리고

연밥

밥 하는 여자

꽃국수

양은 도시락

탕탕 평평 탕평채

한복선

서울 출생
중요무형문화재 제 38호 '조선왕조 궁중음식' 이수자
(주)대복 회장, 한복선 식문화 연구원장
신시문학회 회원, 문파문인협회 회원
저서 : 시집『밥 하는 여자』

01

연밥

펼쳐진 연꽃 한여름에나 보여 주려나
두물머리 찬 물바람의 세미원
아직은 추위 속에서 떨고 있는 연뿌리 달랑이는 연밥
죽은 듯 까맣게 기다리고 있다
손톱만한 순채가 활짝 초록잎으로 펼쳐지고
속이 텅 빈 줄기에 심청이 분홍 꽃봉오리 피우면
그 날 다시 오련다고 하얀 물새들이
활짝 날개 펴고 높이 오른다

서울역 남대문 일대가 연꽃밭이었다니
온 서울이 연꽃향이다
작년에 심은 내 고향집 연꽃 올해는 더 고운 꽃 피우겠지
고요의 꽃향이 온 천지에
봄 아지랑이 되어 피어오른다

연자와 연잎 넣어 지은 밥으로 공양했다
오르는 뽀얀 김 잔잔한 향이 부처님 마음 되어
나를 씻긴다

02

밥 하는 여자

손잔등에 검버섯이 앉기 시작한다
푸른빛 굵은 핏줄이 파랗게 불뚝하다
손 비비면 낙엽 부비는 소리 버석거린다

육십여 평생 손톱물은
어릴 적 봉숭아물 엄마가 들여 주고
시집가서 얼마간 민숭한 손 여자 손 아니라고
시집 식구들 말하기에
주말엔 빨간 매니큐어 바르고
출근할 때 지우고 일했다
평생 손톱 소제도 안 했고
반지도 없다

여고 친구가 얼마 전 내 손바닥 들여다 보며
잔주름이 많이 없어졌다고 한다
매일 매일 밥 하느라 없어졌나 보다
잔 근심도 없어졌나 보다
친정어머니 손바닥 그대로 닮은 나
나는 매일 밥 한다

우리 식구가 모두 나에게 밥 달라 웅석이고
밖에 나가서 일하는 것도 밥

책상에 앉아 글로도 밥을 짓는다
나는 매일 밥 하는 여자

03

꽃국수花麵

화가의 그림에서 본 어머니 꽃
진달래는 꽃비로 내리고
영변에 약산 시인의 두견화는
님의 발밑에 흩어 뿌려지고
내 분홍 참꽃은
따스하고 재잘거림 동무들과
부풀어 하늘을 날고 있다

이른 봄
어머니 어머니 그의 어머니
진달래 녹말 입혀 끓는 물에 데친
매끄러운 꽃국수
발그스름 새콤한 오미자국에
홀홀한 분홍국수로
흐드러져 피어있다

꽃 먹고 취한 두견새
붉은 산을 헤맨다

04

양은 도시락

겨울철
등교하면 당번이 교실 뒤
귀신 있다는 사변 때 파 놓은 방공호에서
조개탄을 빠께쓰에 배급 받아
무쇠난로에 불을 지핀다
매운 연기에 눈 비비며
얼굴은 검댕이로 슬픈 웃음이다

벌겋게 달아 오른 난로에 양은 도시락을
미끄러지지 않게 쌓아두면
김치찌개 밥 타는 냄새 가득해진 교실
마치 집 부엌이다
밥 먹고 싶어 눈길은 난로 위 벤또
점심시간 아닌 때 밥 먹고
선생님 공부 소리는 자장가 된다

나중 알았다
그때 밥 없어 굶었다는 우리 또래
아침밥 굶고 와 그 밥 냄새가 고통이었다고
왜, 이제야 알게 되는 것이 많은가
곁 사람의 아픔을 그때 알았더라면
죽는 날에 철든다는
새털 같은 인간의 측은지심

05 탕탕 평평 탕평채蕩平菜

곰보 맷돌에 둘둘 타개 불려서 구멍에 넣고 갈아 만든 녹두 녹말 풀 쑤어
젓가락 굵기로 썬 녹두묵 참기름 소금 양념
할머니 뒤주 속 미꾸라지 꼬물꼬물 진흙 속에 숨다 때 되면 나온다

머리꼬리 떼어 낸 숙주 데쳐서 물기 걷고 빨리도 쉬어 버린 쉰 숙주나물
쉰 숙주 술 과음으로 쓰러져 삐뚜른 주홍 글씨 이제껏 걸고 있다

연하디연한 미나리 팔팔 끓는 물에 슬쩍 새파랗게 데쳐 손가락 두 마디 길이로 썰어 두고
맑은 물 속 놋숟가락 놋양동이에 걸려든 거머리

다진 쇠고기에 파 마늘 양념해서 들들 볶아 식혀두고 삐쩍 마른 한우들
나라 안에 가득하고 빨간 머리띠 소리 지른다

녹두묵 파란 미나리 하얀 숙주 검은 고기 노란 지단 합하여 음양오행 기미 넣어
노론 소론 탕평책 논하던 날 올려졌다

무치고 섞고 섞어 흩어지지 않게 먹으려 나무저를 들고 줄섰는데

상투찐 비녀 찌른 뽀글 파마 묶은 사람 보이고

여잔지 남잔지 치렁이는 생머리 숏커트 핸드폰 속에 들어가 노는 젊은이

대탕평에 탕평채 자꾸 미끄러져

내 몫을 덜어 숟가락으로 뭉쳐 먹는다

2013
문파대표시선
52인

시인소개

2013
문파대표
시선
52인

지연희

사공정숙

김상아

박하영

송미정

전영구

박금천

장의순

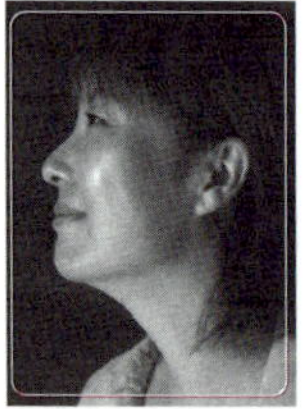
김안나

신정숙

김태실

원도이

양채은

한윤희

백미숙

최정우

서선아
이규봉
김영숙
박선금
박서양
정인선
전옥수
김경명
박경옥
양숙영
탁현미
허정예
김옥자
전민숙
장정자
임정남

시인소개

2013 문파대표 시선 52인

김경아

이순애

엄영란

김좌영

이규선

정경혜

김옥남

이광순

박진호

채재현

유귀엽

박지영

김주현

부성철

박노일

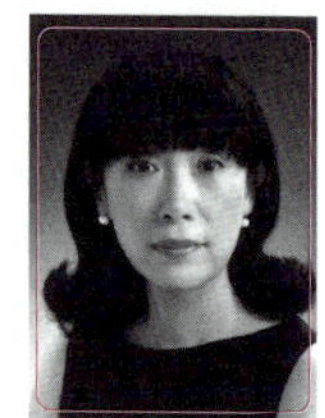
권소영

이은영

조영숙

박옥임

한복선

2013 현대인이 꼭 읽어야 할

문파대표 시선 52인

2013년 문파문학에서 선정한 대표 詩選

2013 현대인이 꼭 읽어야 할

문파대표 시선 52인